ぜんぶ絵でわかる

鉄骨造

3

照井康穂、菊地悠太、
浜田晃司

X-Knowledge

はじめに

建築の実務に携わるようになってからしばらく経ったある日、建物を眺めていると、その建物の構造がなんとなくわかるようになっていることに気付きました。建物には構造に応じた空間の特徴があり、建物のつくられ方にも、それぞれの構造に応じた特徴があって、その特徴が表出していることが理解できるようになったからだと思います。

鉄骨造の建物のつくられ方の特徴の1つは、構造体の鉄骨を工場で製作し現場でこれを組み立てることに始まり、ほかの部分も工場製作部材を現場で組み立てることが多いことです。近年では木造もプレカットが主流となり、鉄筋コンクリート造でもプレキャスト化される建物が増えてきました。工事現場での人手不足が常態化し、現場の省力化が今後もますます望まれるなか、鉄骨造の建物への理解は、ほかの構造の建物を考えるうえでも役立つこととなりましょう。

本書では、建築主から発注を受け、建物が竣工するまでの一連の過程を把握し、鉄骨造の建物の設計と施工のポイントを、建築、特に鉄骨造に初めて携わる方にも理解していただけることを心掛けて、イメージをつかんでいただけるようイラストとともに解説しています。

建物は携わる多くの方々の協働により創りあげられ、竣工・引き渡しの際にはいつも、育てた子どもがひとり立ちをしていくような、ひとしおの喜びと少しの寂しさを覚えます。解説は協働の手助けともなるよう、専門分野外でも共通認識として知っておきたい内容を、実務で協働してきた意匠設計、構造設計、施工の3人の異なる視点を通したものとしています。

本書が、長く親しまれる魅力的な空間を実現する実務の一助となれば幸いです。

2022年11月吉日　照井康穂

一緒に勉強しよう！

第 **1** 章

鉄骨造の基本

鉄骨造の全体工程

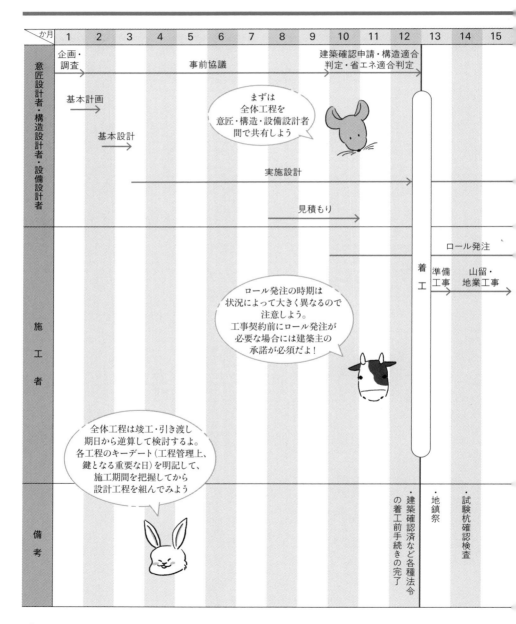

鉄骨造の建物は、建築主の依頼から始まり、企画・調査、実施設計、着工から竣工まで多数の作業工程があり、そして工程ごとに意匠設計者、構造設計者、設備設計者、鉄骨加工業者、施工者をはじめとする多くの人びとが携わっています。まずは設計スタートから竣工・引き渡しまでの大まかな工程内容と期間を把握し、鉄骨造の"協働"のイメージをつかんでみてください。

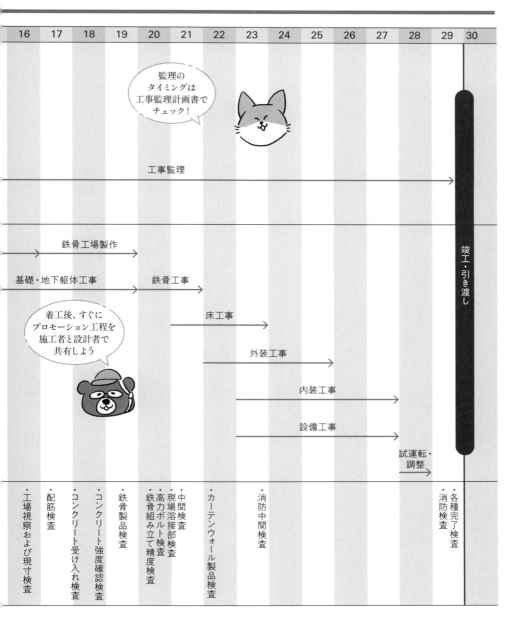

鉄骨造の施工工程表

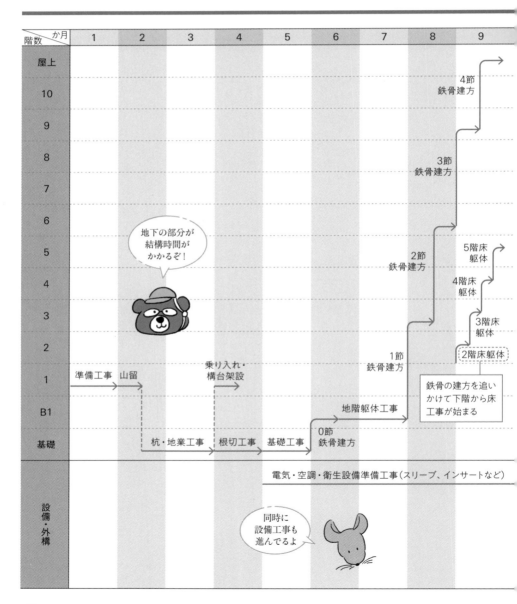

階数 \ か月	1	2	3	4	5	6	7	8	9
屋上									
10									4節鉄骨建方
9									
8								3節鉄骨建方	
7									
6									
5							2節鉄骨建方		5階床躯体
4									4階床躯体
3									3階床躯体
2									2階床躯体
1	準備工事	山留		乗り入れ・構台架設			1節鉄骨建方		
B1						地階躯体工事			
基礎		杭・地業工事	根切工事	基礎工事	0節鉄骨建方				

地下の部分が結構時間がかかるぞ！

鉄骨の建方を追いかけて下階から床工事が始まる

電気・空調・衛生設備準備工事（スリーブ、インサートなど）

| 設備・外構 | | | | | | | | | |

同時に設備工事も進んでるよ

鉄骨造の特徴は、構造部材をあらかじめ工場で製作してから現場に搬入し組み立てることです。そのため、鉄骨工事（建方）に間に合うよう、着工前にすでに資材調達や鉄骨工場での製作準備が進められています。鉄骨建方は1節（1節あたり2〜3階分）単位で進められ、その後は1階から屋上まで、さまざまな工事が同時進行で進められます。建物が下層から徐々にできあがっていく流れをイメージしながら、施工工程をたどってみましょう。

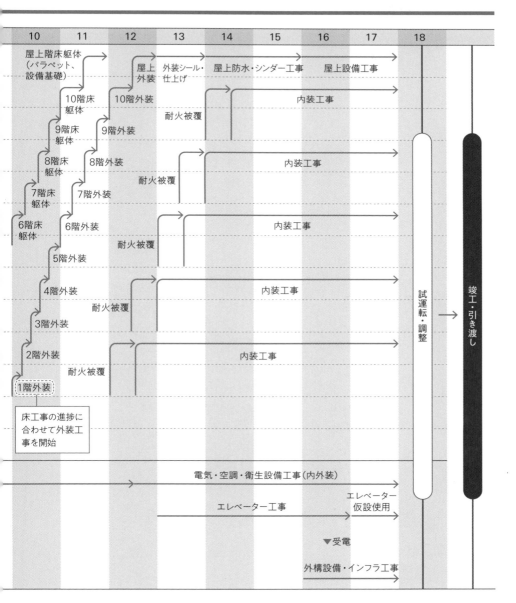

STAFF
イラスト………長門 繭
装丁・本文デザイン………三木俊一（文京図案室）
組版………竹下隆雄（TKクリエイト）
印刷・製本………シナノ書籍印刷

たぬしさん
（建築主）

うしてつ
（鉄骨加工業者）

せつびのチュー太
（設備設計者）

くまだいすけ
（施工者）

こんぎつね
（意匠設計者）

こうぞうさぎ
（構造設計者）

第 1 章　鉄骨造の基本

人類と建物との何千年、何万年もの長い歴史のなかで、鉄骨造の構造物が現れたのはわずか250年ほど前のこと。以来、今日にいたるまで、鉄骨造はそれまでになかった新しい建築空間を実現させてきました。そして現代の日本では、鉄骨造が中大規模建築物の主流となっています。実は携わる機会が多い鉄骨造の建物。新たな建築空間の実現に向けて、まずはその特徴を知ることから始めてみましょう。

そもそも鉄骨造とは？

「鉄骨造」(S造)とは、建築物の骨組み(柱や梁などの主要構造部)に用いる材料による分類(構造種別)の1つです。形鋼や鋼板などの鋼材を、溶接やボルトなどで接合して、構造物の骨組みを構成します。一般に、使用する鋼材の厚みが6mm以上のものを「重量鉄骨造」、6mm未満のものを「軽量鉄骨造」と呼びます。重量鉄骨はビルやショッピングセンターなどの中大規模建築物、軽量鉄骨は一般住宅や小規模店舗などで用いられる場合が多いです。

鉄＝骨！

鉄骨造＝骨組みが鉄骨

鉄骨造を動物の体にたとえると、体重(建物の自重)を支えている骨にあたるのが鉄骨だ。地震や風などの外力で身体(建物)を押されても、倒れないように踏ん張って力の流れを足元(地盤)まで伝える骨組が、鉄骨造は硬くてしなやかな鉄(鋼材)でできている

薄くて軽い！

6mm未満

厚さ6mm未満＝軽量鉄骨

軽量鉄骨造に該当するのは、鋼材厚さ6mm未満のもの。比較的小さな建物なら、薄くて軽い鋼材の骨組みでできあがる

厚さ6mm以上＝重量鉄骨

重量鉄骨造に該当するのは、鋼材厚さ6mm以上のもの。比較的大きな建物で使用する。大規模な建築物で軽量鉄骨造を採用すると、使用する材料ばかりが多くなってしまい、効率的でない

厚くて重い！

6mm以上

鉄骨造の特徴は？

鉄骨造の躯体(骨組み)は、比較的細長い部材を組み合わせてつくられます。木材やコンクリートに比べ鋼材の材料強度が非常に高く、また材質と性能が安定しているので、構造部材の断面を小さくすることが可能なためです。鉄骨造、木造、鉄筋コンクリート造(RC造)、それぞれで同じ容積の空間をつくった場合に、躯体の占める体積の割合を最も小さくできるのが、鉄骨造なのです。

材料強度が高い！

鋼材の材料強度は木材やコンクリートと比べると、一桁も大きい。たとえば圧縮強度を比較すると、木材は17～27N/㎟、コンクリートは18～36N/㎟、鋼材は215～400N/㎟と、鋼材が抜きん出ているのがわかる

引張り強度はコンクリート＜木＜鋼、圧縮強度は木＜コンクリート＜鋼の順に高い

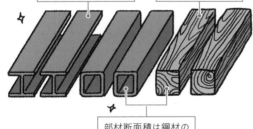

鋼材は工場生産のためばらつきがなく、品質が安定している

木材やコンクリートは材質・性能のばらつきが出やすい

部材断面積は鋼材のほうが小さい

材質と性能が安定している

木材は節があり、年輪の向きなどによって材質と性能にばらつきが大きく出やすい。また現場打設のコンクリートは、打設後の現場の温度環境などによってばらつきが出てしまうこともある。一方で鋼材は、規格に基づいて工場生産されるので、材質と性能が安定している。材質と性能が安定していると、材料がもつポテンシャルを十分に生かしやすくなる

空間を広く使える！

鉄骨造は、鋼材がもつ高い材料強度を十分に生かしやすく、木造やRC造と比較して、スレンダーな骨組みの建物ができる

同じ床面積でも、細い骨組みで十分な強度をまかなえる鉄骨造は、RC造に比べ、実際に使える屋内空間が広い

RC造　　　　　鉄骨造

長所① 地震に強い！

鋼材は、木材やコンクリートなどのほかの構造材に比べ強度と剛性が大きく、変形後もなかなか壊れない、いわゆるねばり（靭性）があります。強くてねばりがあると、地震の揺れのエネルギーを吸収する量が大きくなります。つまり鋼材は、耐震性に優れた構造材なのです。こうした長所を備えた鋼材を主要構造部に使用する鉄骨造は、部材の断面を細く薄くできるため、建物全体の重量が軽くなり、建物に作用する地震力（水平力）そのものを小さくできるという長所があります。

鋼材は
強いよ～

強度と剛性が高い

「強度」とは、物質が壊れないでどれくらいの力まで耐えられるのかを示す値である。一方「剛性」は伸び、縮み、ずれなどの変形のしにくさを示す。鋼材は「強度」と「剛性」の両方が高いので、変形せずに、大きな力に耐えられる

鋼材はねばり強い

たとえば大きな力がかかり、耐えられなくなって壊れてしまうときに、コンクリートのようにねばりがない材ではバキッと急に壊れてしまう（脆性破壊）。だが鋼材はねばり（靭性）があるため、負荷に耐えられなくなっても、グニャッと変形し、伸びきった後に壊れるのである

鋼材は、グニャッと変形して靭性を発揮しているときに、地震のエネルギーをたくさん吸収している

靭性のないコンクリートは変形せず、突然壊れることが多い。RC造は、コンクリートと鉄筋（鋼材）を併用することで靭性を補っている

鋼

コンクリート

バキッ

揺れが
来た！

自重が軽ければ
地震力も
小さくなるね

耐えマス！

ねばりと
強度のおかげで
壊れない！

地震力を小さくできる

建物の大きさが同じでも、コンクリートのように重いものが揺れているのを止めようとするには大きな力が必要だが、鋼材のように軽いものの揺れを止めるには小さな力で済む。建物に作用する地震力は建物が重いほど大きく、軽いほど小さいのである

長所② 意匠の自由度が高い！

強くてねばりがある鋼材は、部材断面を比較的小さく抑えたまま、骨組みだけで耐震性を備えた架構を構築できるため、意匠設計の自由度を高めることができます。また、建築規模が大きくなっても、鋼材の部材断面の寸法はそれほど変わらないので、大スパンの広々とした空間や高層建築といった新たな空間設計を可能にしてきました。

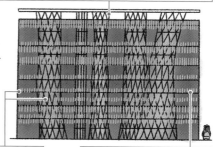

鉄骨独立シャフト（チューブ）を採光や配管の動線に活用

地震に強い軸組みが自由度を高める

「せんだいメディアテーク」（2000年竣工）は、ランダムに配置された13本の鉄骨独立シャフトと鉄骨フラットスラブで構成されている。典型的な四角い骨組みをなくし、鉄骨造の強みを巧みに利用した画期的な建築だ

鉄骨フラットスラブと鉄骨独立シャフトの組み合わせで、柱の少ない大スパンでランダムな平面を実現している

2重ガラス面（ダブルスキン）で季節に応じた空調計画を実現

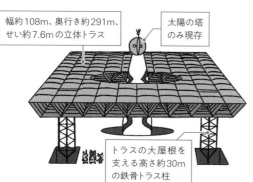

幅約108m、奥行き約291m、せい約7.6mの立体トラス

太陽の塔のみ現存

トラスの大屋根を支える高さ約30mの鉄骨トラス柱

少ない部材で大スパン・大空間を可能に

1970年に開催された大阪万博で、太陽の塔を覆うようにして架かっていた幅約108m×奥行き約291mの「お祭り広場大屋根」は、6本の鉄骨柱のみで支えられていた。広大な空間を生み出した世界最大規模の立体トラスの実例といえる

超高層建築の実現

1968年に竣工した「霞が関ビルディング」は、国内初の本格的超高層建築である。プランは中央にエレベーターを配し、その周囲のフロアは基本的に柱をなくした、各フロアを自由に利用できるフリープランが特徴的。その後の日本の超高層ビルのプロトタイプとなった

高さ147m、地下3階、地上36階建て

工期33か月という驚くべきスピードで施工された

長所③ 工期もコストも抑えられる！

鉄骨造の躯体はRC造に比べ重量が軽く、トラックで無理なく運搬できるため、部材を工場で製作してから施工現場に搬入することができます。そのため、施工現場では躯体も含めた工場製作品を組み立てることが主な作業となり、工期を短縮することが可能となります。また、建物の自重が軽いため、基礎に要するコストも比較的低く抑えることができます。

工場製作だから工期短縮が可能

工場製作は天候に左右されず、機械施工も導入しやすい。また、溶接などの作業姿勢も現場よりはるかに有利な姿勢をとれることなどから、部材そのものの製作時間を短縮できるうえ、精度が高く、安定した品質の部材製作が可能となる

安全な作業環境で安定した製作・加工が可能

加工した鋼材はトラックやクレーンでの搬入・搬出が容易

基礎も低コストで抑えられる

基礎の工法ごとのコストはおおよそ、布基礎、ベタ基礎、杭基礎[87頁参照]の順に高い。建物重量が軽ければ、より安価な基礎工法の選択肢が得られる。また、杭基礎となる場合にも、鉄骨造ならRC造よりも杭の本数を少なくすることができ、コストを抑えられる

RC造は自重が重いため、建物を支える基礎コストが高くなる

RC造に比べ、自重の軽い鉄骨造や木造は基礎コストを抑えやすい

重たいと沈むよ

軽いから沈みにくいね

RC造　　　　鉄骨造　　　　木造

短所① "柳に風"と不快な揺れは紙一重

鋼材は強くてねばりがあるため、負荷がかかった場合には壊れずに変形して、元のかたちに戻れるという柔軟な性質があります。これを利用して耐震性が得られる一方で、耐震性を優先して大きな変形を許容する設計をしてしまうと、風や地震による揺れが大きくなり、居住性が損なわれます。また、建物の自重が軽いということは、振動が伝わりやすいという短所にもなります。鋼材の特性による耐震性を生かしながら、居住性を確保しましょう。

変形して戻る＝揺れやすい

しなやかな構造の建物は、地震や強風の際に大きくゆっくり揺れるので、屋内にいる人は揺れに恐怖感を覚えたり、家具や備品が倒れたりしやすい状態になる。高層階になるほど、その揺れは大きくなる

変形することで負荷（外力）を逃がす

軽い＝振動しやすい

鉄骨造は自重が軽いので振動が伝わりやすい。振動が伝わりやすいということは、音が伝わりやすいということでもある。上階で人が歩く音が下階に響いたり、屋外の大きな音が屋内に伝わったりしやすくなる

振動が不快な揺れや雑音になる

補強にはブレースを使え

ブレースは地震力や風圧力に抵抗するための部材なので、揺れや振動対策にも大きく貢献する。ただし、建物に求められる機能や環境を損なわずに、平面・立面ともにバランスよく配置する必要があるので、その配置は工夫のしどころだ[90、91頁参照]

ブレースで建物の振動や揺れを抑える

短所② 座屈が生じやすい

鉄骨造の部材は細くて薄いことが長所の1つですが、部材が細くて薄いと、座屈の影響を受けやすくなります。座屈とは、細長い部材が圧縮力を受ける際に、一定の荷重を超えると急に横方向に変形してしまい、荷重を支える力を失う現象のことです。座屈と部材断面寸法には密接な関係があるので、座屈を生じさせない部材断面寸法などの検討をします[83、98〜101頁参照]。

圧縮力が大きくなると耐えきれずに折れ曲がってしまう

圧縮力に耐えている状態

座屈とは？　圧縮力とは？

細い棒の上に重いものを載せると、棒がバキッと曲がってしまうが、この現象を「座屈」という。この場合、重いものが細い棒を押しつぶす力が「圧縮力」である

座屈と部材断面寸法の関係

座屈は材料の圧縮強度とは関係なく、「部材の曲げにくさ」が関係してくる。部材の曲げにくさは、その部材の「材料の硬さ」（ヤング係数）と「部材の断面形状の違いによる硬さ」（断面二次モーメント）によって決まる

材料が同じで座屈長さも同じ場合は、断面二次モーメントが大きい部材のほうが座屈しにくい

細長いプロポーションの柱ほど、同じ力でも座屈しやすい

短所③ 火・水・熱に弱い

鋼材は火災などの高温域では強度が著しく低下するので、耐火被覆で熱から鋼材を守ります。また、錆びやすいため、屋外はもちろん、屋内でも海の近くなどで使用する場合には防錆処理に注意しましょう。さらに、木材やコンクリートと比較すると熱伝導率が高いので、屋内外両方に接する部材は、結露や熱損失に気を配る必要があります。

火には耐火被覆を

鋼材は熱に弱いので、耐火性・断熱性の高い材料で覆って火災の熱から鋼材を守り、建物の倒壊を一定時間防ぐ必要がある。耐火被覆[51頁参照]を施すことによって、鉄骨造は耐火建築物になることができる

耐火被覆には吹付け、塗装、巻き付けなどの工法がある[182〜185頁参照]

水には防錆を

鋼材は水に弱いので、防錆塗料を塗装して錆を防ぐ。屋外に露出する鋼材には、防錆の耐久性が一段と高い溶融亜鉛めっき[127頁参照]を施すとよい

熱伝導には断熱を

鋼材は熱伝導率が高いので、屋内外に熱が伝わりやすく、結露や熱損失が生じやすい。屋内外を貫通する部分への鉄骨部材の使用は極力避けたいところ。貫通鉄骨部材には一定範囲に断熱を施しておくなどの対策をする[52頁参照]

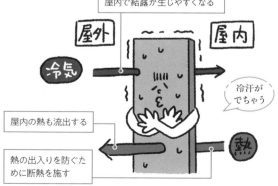

屋外の冷気で鋼材が冷えると、屋内で結露が生じやすくなる

屋外　屋内

冷気

冷汗がでちゃう

屋内の熱も流出する

熱

熱の出入りを防ぐために断熱を施す

短所④ 工場製作に制約はつきもの

鋼材は工場製作が基本となりますが、使用する鋼材によっては、発注や部材の製作に時間がかかる場合があり、工場製作期間を含めた工期がRC造よりも長くなることがあります。また、工場製作で精度の高い加工ができる反面、施工現場で工場製作と同様の加工を、ましてや予定外の状況で行うのは非常に困難です。そのため、現場搬入後に部材のミスが発見された場合には、工場に返却して修正を行うこととなります。工期やコストに大きな影響が出ないよう、工場製作では入念な準備と管理が大切です。

製作期間の長期化の可能性

比較的規模の小さい鉄骨造では市場の在庫から鋼材を調達することが可能だが、規模が大きくなると、形鋼を製作する工場に発注して必要な鋼材を調達する[ロール発注⇒132頁参照]。この納期は時期や種類によっては長期化することもありうる

ロール発注の納期は通常3か月程度だが、時期や鋼材の種類によっては1年以上となることもある

各部材の材質・形状・寸法の確認はもとより、設備ダクトの貫通孔、現場溶接用・仮設用のピースなどもあらかじめ詳細に確認しておく

向きが違う！

孔の位置がずれてる…

発注ミスは命取り？

工場から施工現場に資材が搬入されてから発注ミスが発覚した場合、現場対応が原則できないので工場に発注しなおすことになり、コスト・工期ともに大幅なロスが生じる。発注ミスを抑えるコツは、これに先んじて、意匠・構造・設備の調整や詳細設計、工事詳細計画を鉄骨製作図に反映できるように検討しておくことだ

コストと建築規模の関係

鉄骨造では一般的に、建築規模が大きくなるにつれ全体のコストに占める鋼材のコストは小さくなり、逆に規模が小さくなるにつれ鋼材のコストが大きくなる傾向にある。規模とコストはよく検討し、規模に見合った形式・構造を考えたい

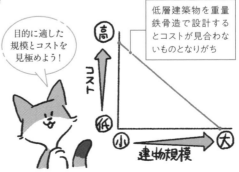

目的に適した規模とコストを見極めよう！

低層建築物を重量鉄骨造で設計するとコストが見合わないものとなりがち

コスト（高／低）

建物規模（小／大）

鉄骨造は"難しい"？

しばしば「鉄骨造の設計監理、施工管理は難しい」と言われることがあります。その理由は、細かなところまで徹底した検討・準備が必要とされるからだと考えられます。鉄骨造では、木造、RC造に比べ現場で加工する部材が少なく、躯体を含む工場製作品を現場で組み立てることが多くなります。このため、部材どうしの接合部も多くなります。躯体鉄骨どうしの接合方法や、外壁や窓、間仕切壁と躯体との接合方法、設備配管の梁スリーブ（貫通孔）などを理解・検討したうえで、工場製作段階で躯体鉄骨にそれらの準備を施しておきましょう。

事前準備が多い！

鉄骨造の施工現場では、プラモデルを組み立てるように、あらかじめ工場などで製作された部材を組み立てて工事を進める。そのため、外壁や窓、間仕切壁、エレベーター、設備配管など、鉄骨組み立て（建方）後の工程で取り付ける各部材の準備を、工場製作時に鉄骨躯体に施しておく。施工の際の仮設部材［125、153頁参照］についても同様である。また、鉄骨製作までに建物全体のディテールを製作図レベルまで詰めておくとよい。短時間でこれらをまとめあげることが、とりわけ鉄骨造設計の鍵となる

躯体鉄骨の工場製作を始めるのは施工の初期段階なので、同時に鉄骨以外の部材も十分な検討・調整を進めておかなければならない

木造やRC造の場合、現場での加工・製作や変更・調整が可能なため、各部材のディテールなどの決定が着工後でも間に合うこともある

組み立て時に溶接やボルトでの接合が不可能となってしまう納まりがないか、鉄骨の接合部とデッキ受けなどの二次部材の干渉の有無など、施工上の細かな部分にまで気を配りたい

ファスナー ── スプライスプレート
高力ボルト
梁貫通孔

接合部の詳細決定が早い！

鉄骨造では設備スリーブの位置も含め、躯体鉄骨部材の詳細の決定が急がれる。意匠・構造・設備設計の各担当者がほかの分野の概要も相互に理解しておくことが重要だ。また、躯体鉄骨の接合部に施工上の問題点がないか確認するほか、カーテンウォールのファスナー［※］などは、仕上げも考慮した鉄骨との納まりを検討しておく

※ ファスナー：外装材を構造体の鉄骨の梁や柱に取り付けるための金物の総称

鉄骨造はいつから始まった？

鉄は現代の私たちにとってとても身近で、生活に密着している金属です。人類と鉄の歴史はなんと数千年前から始まっています。建物などの構造物に使われるようになったのは、構造材用の鉄の生産が可能となった18世紀後半の産業革命以降。さらに、現代の鉄骨造で使われる「鋼」が19世紀半ばに工業生産できるようになったことで、鉄骨造が普及し、それまでにはなかった超高層や大空間の建築を実現させました。今日にいたるまで、鉄骨造は新たな建築空間の先駆けとして建設業界を牽引するとともに、中高層や大規模建築の主流であり続けています。

「鉄骨造」の変遷

世界初の本格的な鉄骨造の構造物
アイアンブリッジ（1779年竣工、イギリス・セヴァーン川、鋳鉄造）

19世紀の高さ競争を制した新建築の象徴
エッフェル塔（1889年竣工、フランス・パリ、錬鉄造）

20世紀の高層ビルの先駆け
リライアンス・ビル（1895年竣工、アメリカ・シカゴ）

当時から鋳鉄のもろさ（引張り力に弱い）は知られていたため、圧縮力で支えるアーチ構造となっている

日本で最初の本格的な鉄骨造建物
丸善本店ビル（1910年竣工、東京、現存せず）

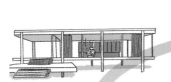

近代の鉄骨造住宅の傑作
ファンズワース邸（1951年竣工、アメリカ・シカゴ）

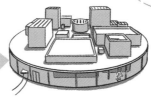

日本の美術館の流れを変えた新たな空間
金沢21世紀美術館（2004年竣工、石川）

現代の日本の建築物（住宅専用を除く）では、鉄骨造が主流なんだよ！

鉄はどうやってつくられる？

鉄は鉄鉱石からつくります。まず天然資源である鉄鉱石(酸化鉄)を還元・溶解させ、鉄分を取り出します。この鉄鉱石から取り出されたばかりの鉄(銑鉄)は多くの炭素を含んでいます。炭素の含有量が多いと、鉄は硬くなり強度は増しますが、靭性(ねばり)は低くなり、もろくなります。逆に炭素が少ないと強度は落ちますが、靭性は増し、軟らかい鉄になります。したがって、炭素の含有量を適切に調整することでねばりのある強靭な鉄がつくられ、炭素の含有量によって鉄の種類が分類されています。

鉄ができるまで

還元には石炭を蒸し焼きにして炭(炭素)にしたコークスを使うため、銑鉄には炭素が4%程度含まれている。銑鉄は「鋳鉄」の材料となり、銑鉄を精錬し炭素量などを調整して「鋼」や「純鉄」ができあがる

$$FeO + CO \rightarrow Fe + CO_2$$

鉄鉱石 ＋ 一酸化炭素(還元) → 銑鉄

「還元」とは酸素を取り去ることだよ

炭素含有量1位「鋳鉄」

炭素の含有量が約2.14～6.67%程度の鉄で、硬いがもろい。鉄の工業生産は18世紀に成功したが、その鉄は「鋳鉄」であった。現代ではマンホールの蓋や、建築分野ではルーフドレインなどに用いられている

$C≒2.14～6.67\%$

炭素含有量2位「鋼」

炭素の含有量が約0.02～2.14%の鉄で、一般に「鉄」と呼ばれているのはこの「鋼」のことがほとんど。硬くてねばり強いため、建物の構造材には炭素の含有率が0.2%程度の「鋼」を用いる

$C≒0.02～2.14\%$

建物で使うのは鋼！

炭素含有量3位「純鉄」

炭素の含有量が約0.02%までの鉄。軟らかいので建築分野では用いられないが、軟磁性材料としての特性ももつため、電磁石の磁心のほか、産業機器、通信機器などさまざまな分野で用いられている

$C≒0～0.02\%$

鋼材のかたちを知ろう

一般的に、鉄骨造に用いられる鋼材の多くは「形鋼」と「鋼管」です。形鋼とは、H形、L形などの一定の規格形状断面に成形された細長い（材軸方向に長い）鋼材です。圧延[※1]により製造される「重量形鋼」と、薄い鋼板を折り曲げ加工して製造される「軽量形鋼」に大別されます。一般的な重量鉄骨造では、重量形鋼を主構造体に、軽量形鋼は屋根

形鋼

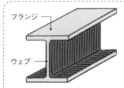

H形鋼（H鋼）

断面が「H」字型の形鋼。最も代表的な形鋼で、ほかの形鋼に比べ断面効率（単位重量あたりの強さ）が優れる。接合しやすいが、向きによって強さ（断面性能、※2）が異なる。細幅、中幅、広幅の3タイプがあり、ラーメン構造[31頁参照]の柱や梁に用いられることが多い

山形鋼（アングル）

断面が「L」字型の形鋼。等辺と不等辺のものがある。非対称断面のため、力の向きによって弱くなったり、逆に強くなったりする。断面性能が比較的小さいため、柱や梁に使用されることはほとんどない。接合部が簡略化できるため、ブレース材やトラス材、下地材に用いられる

溝形鋼（チャンネル）

断面が「コ」の字型の形鋼。非対称断面で断面性能も比較的小さいが、山形鋼よりも断面性能が若干大きいため、小梁や間柱にも用いられる。比較的施工性が高いため、ブレース材や耐風梁、下地材などに用いられる

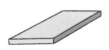

平鋼（フラットバー）

断面が長方形で、平べったい長い無垢の鋼材。圧延の幅のまま使用するので、切断による反りや曲がりがない。接合部のプレートや添板、仕上げ材などさまざまな場面で使われる。通常の長方形断面の平鋼のほかに、丸コバ平鋼、テーパー平鋼、開先平鋼などの異形平鋼もある

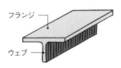

CT形鋼（カットT）

断面が「T」字型。H形鋼をウェブの中心で2つに切断して製造された鋼材。フランジの幅に応じて、細幅・中幅・広幅の3種類がある。山形鋼（アングル）や溝形鋼（チャンネル）と同様に非対称断面なので、荷重を受ける向きに注意して使う。仕上げの下地材や手摺りなどにも使われる

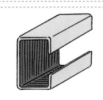

リップ溝形鋼（Cチャン）

断面が「C」字型の形鋼。重量形鋼と比べると断面性能は小さいが、薄肉で開断面[※3]のためビス留めなどの施工性はよく、胴縁や母屋などの下地材に用いられる。軽量鉄骨造では主構造体にも使用される

※1 圧延：鋼の塑性（変形後、力を取り除いても戻らずに変形したままになる性質）を利用して圧力をかけて延ばすこと
※2 断面性能：曲げや変形などに対する断面の性能のこと

や壁などの下地材（二次部材）などに使用されることが多いです。鋼管は、鋼板など別の形状にいったん加工した鋼材を材料にして、管状に成形した鋼材です。各鋼材の断面形状には特性があり、それを生かした使い方をすることが大切です。

H形鋼、山形鋼、溝形鋼、平鋼、CT形鋼は「重量形鋼」。リップ溝形鋼は「軽量形鋼」、角鋼と丸鋼は「棒鋼」に分類されるよ！

角鋼

断面が正方形の無垢の鋼材。重量に対する断面性能は角形鋼管のほうが圧倒的に有利だが、同じ外形に対しての断面性能は角鋼のほうが高くなる。支柱を兼ねた手摺り子など、細い断面で強度が欲しい部材などに有効

丸鋼

断面が円形の無垢の鋼材。戦後、異形鉄筋が規格化され、1970年代頃まではRC造の鉄筋として使用されていたが、現在は引張りブレースや手摺り子などの仕上げ材として使われている

| 鋼管 |

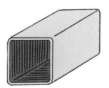

角形鋼管（コラム）

断面が正方形または長方形の鋼管。特に正方形のものは断面性能に方向性がなく、純ラーメン構造の柱に用いられることが多い

鋼管（パイプ）

断面が円形の鋼管。断面性能に方向性がないのでトラスに用いたり、円形断面の形状を生かした柱に用いられたりすることが多い

※3 開断面：断面が閉じていない形状のこと。対して、角形鋼管や鋼管などの断面が閉じた形状は「閉断面」という

鋼材の規格と特性は？

鋼材は、材質により規格が設けられています。規格は鉄道や自動車などに代表される工業製品に用いられるものも含まれるため多岐にわたりますが、一般的な建築物に用いられる構造用鋼材の規格は、「建築構造用圧延鋼材」(SN材)と「一般構造用圧延鋼材」

鋼材の規格の種類

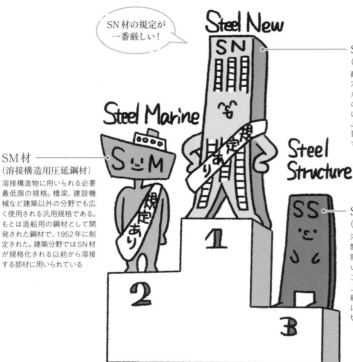

SN材の規定が
一番厳しい！

SN材
(建築構造用圧延鋼材)

耐震性(保有水平耐力計算)や溶接性に関する性能を規定した、建築構造専用の規格。建物の安全性を確保するために特に重要な規格で、1994年にJIS規格化された。構造部位の要求性能に応じて材種を選択できる

SM材
(溶接構造用圧延鋼材)

溶接構造物に用いられる必要最低限の規格。橋梁、建設機械など建築以外の分野でも広く使用される汎用規格である。もとは造船用の鋼材として開発された鋼材で、1952年に制定された。建築分野ではSN材が規格化される以前から溶接する部材に用いられている

SS材
(一般構造用圧延鋼材)

溶接性と靭性(ねばり強さ)に関する規定がなく、建築分野に限らず、重要な構造部位には用いられない。建築分野では主に二次部材に用いるが、構造耐力上主要な部位に用いることも可能。ただしその場合には、設計における要求性能に対して適切であるよう、十分に検討する

規格の見方は
30頁をチェック！

（SS材）に大別できます。柱や大梁などの構造耐力上主要な部位には建築構造用圧延鋼材を用い、溶接性能や変形能力の要否など、使用する部位に求められる性能に合わせて材種を選択します。

STKN材（建築構造用炭素鋼鋼管）
SN材に相当する鋼管の規格

窒素のN！

STKR材（一般構造用角形鋼管）
SS材を使用した冷間成形角形鋼管の規格。SS材と同様に溶接性、靭性などの規定がない

四角形
だよ

BCR・BCP（建築構造用冷間成形角形鋼管）
SN材に相当する建築構造用鋼材として規格化された、高品質・高性能な冷間成形角形鋼管の規格

BCR（ロール成形角形鋼管）は、丸形に成形し溶接してから、角形に成形する

BCP（プレス成形角形鋼管）は、鋼管の角部になる部分を成形してから、継ぎ目を溶接する

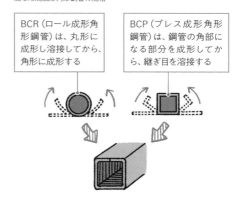

SN材（建築構造用圧延鋼材）の種類

SN400A
溶接性がB・Cより劣り、靭性に関わる規定がない。溶接が軽微でかつ塑性変形（元の形状に戻らない変形）能力を期待しない部材で、具体的には小梁や間柱などの二次部材に用いられる

二次部材
はA！

間柱

SN400B・SN490B
広く一般の構造部材に使用する。具体的には柱や大梁などの主要構造部材に用いられる

構造部材
はB！

柱

SN400C・SN490C
板厚方向に大きな引張り力を受ける部材に使用する。具体的にはダイアフラムや露出型柱脚のベースプレートなどに用いられる

ダイア
フラム

力がかかる
ところはC！

鋼材の規格・特性はどう見る？

建築物の構造部材に使用できるのはJIS（日本産業規格）鋼材と大臣認定品です。基本的にはJIS鋼材を使用しますが、大臣認定品でも柱に使われるBCR295や接合部に用いるトルシア型高力ボルト（S10T）は一般的に使用されています。JIS鋼材にはそれぞれ固有の材料記号がつけられ、材種の指定はこの材料記号によって行います。JIS鋼材および大臣認定品では、各材種の特性を保証するため、化学成分や機械的性質（降伏点や引張り強度ほか）などの規格値が定められています。

引張り強度・降伏点とは？

「引張り強度」（引張り強さとも）と「降伏点」（降伏耐力）は、ともに材料の強度を示す指標である。鋼材に力を加えていくと、ある時点までは元の形状に戻る（弾性）が、この上限を「降伏点」という。この上限を超えてさらに力を加えていくと、材料は元の形状には戻らずに変形したまま（塑性）となり、ある時点で破断する。この時点までの最大の単位面積あたりの力を「引張り強度」という

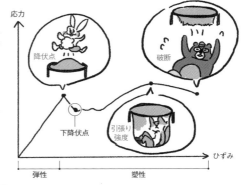

規格の数字＝強度の違い

たとえばSN400B、SN490B、BCP235、BCP325などの数字は、「強度の違い」を表している。数字が大きいほど強度が大きいことを示す。ただし、表している強度は材種により異なる

たとえばSN材の400や490は引張り強さを、BCP材の235や325は降伏点を表している

SM材のA、B、Cはシャルピー吸収エネルギー（鋼材の割れにくさを表す指標）の規定値の違いを表す。A＝規定なし、B＝27J（0℃）、C＝47J（0℃）

SN材のA、B、Cは使用部位の違いを示す（A＝溶接のない補助部材、B＝主要構造部材または溶接する部材、C＝主要構造部材または溶接する部材で、さらに厚さ方向特性も要求される部材）が、結果的には保証の有無を示すことにもなっている

規格のABC＝保証の有無

たとえばSN400A、SN400B、SN400C、STKN400W、STKN400Bなどの数字の後ろのアルファベットは、溶接性、耐衝撃性、靭性などの保証の有無を示している。ただし、同じアルファベットでも、材種により保証される内容は異なる

架構形式① ラーメン構造とは?

現代建築で最も普及している構造形式がラーメン構造です。鉄骨造でもオフィスビルやアパートなど、さまざまな建物に採用されています。ラーメン構造(純ラーメン構造)は柱と梁だけでフレーム(架構)を構成し、接合部を一体化(剛接合)して、地震や風などの外力に抵抗します。そのため、開口部の位置を比較的自由に設定することができる一方、地震などでは建物の変形が大きくなる傾向があります。

ラーメン構造の基本のかたち

垂直と水平の部材のみで四角形に組まれた骨組み。地震力にも柱と梁だけで耐えるため、部材断面は大きくなり、比較的しっかりした骨太の架構イメージとなる

梁・柱はすべて剛接合

柱 — 梁

開口と設計自由度の関係

柱と梁だけで建物を支えているため、壁の位置が構造的に限定されることはない。そのため開口の大きさや位置、間取りなどは比較的自由に設計できる

どこでも開口にできちゃう!

その分変形しやすい!

標準スパンは7〜9m

鉄骨造では10mを超える大きなスパンの架構も容易だが、コストに見合った構造とするには、建物全体で使う鋼材重量を抑えることが肝心。そのためには梁の変形を抑え、使用する鋼材の断面性能を十分に発揮できるスパンを検討することが効果的だ

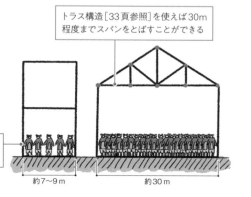

トラス構造[33頁参照]を使えば30m程度までスパンをとばすことができる

ラーメン構造なら7〜9m程度が標準スパン

約7〜9m

約30m

架構形式② ブレース構造とは？

ラーメン構造に次いで採用されることの多い構造形式が、ブレース構造です。「ブレース」とは、柱と梁で構成されたフレームの対角方向に配置する斜材のことです。ブレース構造は柱・梁とブレースによる架構で、ブレースに水平荷重[※1]を負担させるので、純ラーメン構造よりも各部材断面を小さく抑えつつ、地震による変形を比較的小さくすることができます。ただしブレースは平面、立面ともにバランスよく配置する必要があるので、間取りや設計に制約が生まれます。

ブレース構造の基本のかたち

垂直と水平の部材に、斜めの部材（ブレース）を組み合わせた骨組み。四角形に×が入ったかたちで、各部材断面を比較的小さく抑えられるので、華奢で軽やかな架構イメージだ

柱・梁・ブレースはすべてピン接合

ブレースと水平荷重

ブレースは四角形フレーム内に三角形をつくるのが最大の役割だ。ブレース構造は、柱と梁とブレースにより生まれる安定した形状の三角形を利用して水平力に対抗することで、地震時などの建物全体の揺れを比較的小さく抑えることができる

四角形は角の角度が変わると平行四辺形に変形してしまうが、三角形は辺の長さが変わらない限り、変形しない

ブレース

ブレースがあるからラーメン構造よりも揺れが小さいね

バランスに注意！

建物全体でしっかり補強されたところと、そうでないところの偏りが大きいと、地震時に建物がねじれたり、補強されていない階がつぶれたりしてしまう。ブレースがあるフレームは硬く、ブレースがないフレームは軟らかいので、建物全体で硬いところと軟らかいところがあまり偏らないように配置する

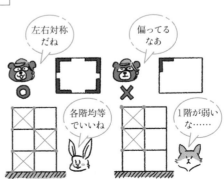

左右対称だね

偏ってるなあ

各階均等でいいね

1階が弱いな……

トラス構造とは？

体育館や工場など、大スパン（10〜100m程度）の無柱空間を求められる建物で、一般的に用いられる架構がトラス構造です。「トラス」とは、三角形を基本単位とした部材で構成された架構です。トラスを構成する部材には軸力[※2]のみが発生するため、小さな部材の組み合わせで優れた断面性能を発揮する合理的な構造形式です。ただし、トラス架構全体の梁せいは大きくなります。なお大スパンに適した架構形式には、トラス構造のほか、アーチ構造や吊り構造などがあります。

トラス構造の基本のかたち

三角形の組み合わせが基本のかたち。山形に組み合わせた山形トラスや、細長い長方形に組み合わせた平行弦トラスなど、平面状に三角形を組み合わせたものを「平面トラス」という。ほかにも、三角形を立体的に組み合わせた「立体トラス」などさまざまな種類がある［94、95頁参照］

三角が基本のかたち！

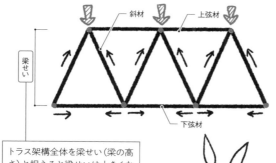

斜材　上弦材

梁せい

下弦材

トラス架構全体を梁せい（梁の高さ）と捉えると梁せいは大きくなる。ただし各パーツは小さな部材で構成されているため、架構全体の重量を抑えた大スパンの骨組みができる

小さな部材の集合体

トラス構造の特徴は、トラスを構成する部材には曲がる力（曲げモーメント）はかからず、軸力のみがかかること。トラスの部材は軸力のみに耐えればよいので、小さな部材で大きな荷重に耐えられるようになる

軸力は伸びる・縮む力。曲がる力はトラスの部材にはかからないんだね

※2 軸力：部材の長さ方向に平行に生じる力のこと。軸力によって、曲げられる・ずれる変形は生じず、伸び・縮みのいずれかの変形のみが部材に生じる

架構形式④ チューブ架構とは？

チューブ架構は、建物の外周面の架構を筒状に構成し、建築物全体を1つの筒とみなして地震力などに抵抗させる架構形式です。近年の建物の高層化により、より高い耐震性能が要求されることから、特に大規模建築での採用が増えてきています。外周に連続的に配置した柱と、それをつなぐ梁で構成されるチューブ架構は、内部に柱のない空間を確保できるため、設計上の自由度が大きいという利点があります。

チューブ架構の基本のかたち

柱と梁などにより強固に組まれた網状のフレームで建物の外周を覆い、建物内部に広い空洞をつくる筒状の形式。チューブは単独でも組み合せて用いることもでき、単独で用いられているものを「シングルチューブ」、筒のなかにさらに筒が入っているものを「チューブインチューブ」、筒を何本か束ねて用いているものを「バンドルチューブ」と呼ぶ

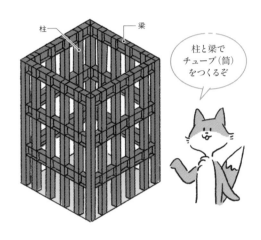

柱

梁

柱と梁で
チューブ（筒）
をつくるぞ

水平力に対抗する外周フレームのおかげで、建物内部には大きな梁を架ける必要がなく、平面計画の自由度はさらに増す

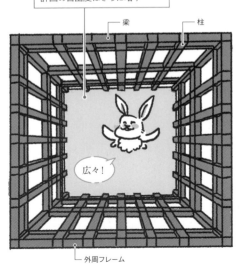

梁

柱

広々！

外周フレーム

外で固めるから
なかの設計自由度が高い

地震力などの水平力には強固な外周のフレーム全体で抵抗するため、建物内部には鉛直荷重を支える柱のみを設ければよい。建物内部の柱は極力少なく、また位置もある程度自由に設けることができる。近年では、免震構造と組み合わせて、建物内部の梁を非常に軽微にした構造や、フラットスラブなどを用いた梁のない構造も設計されている

架構形式は併用できる？

架構形式を併用することで、それぞれの架構形式の長所を利用したり、ある架構形式の短所を別の架構形式で補ったりして、より合理的な架構を構築することができます。架構形式の併用で一般的なものとして、ラーメン構造の揺れやすさを補うためにブレースを併用した「ブレース付きラーメン構造」や、小さな部材の組み合わせでさらに大きなスパンを架構するために、アーチ架構をトラス形式とした架構などが挙げられます。

ブレース＋ラーメン構造のかたち

ブレース付きラーメン構造は、柱と梁を剛接合とし、さらにブレースをピン接合で設けた構造。地震力に対して剛接合した柱・梁だけでなく、ブレースでも抵抗できるため、ラーメン構造の揺れを抑えて居住性を向上できる。柱や梁の断面寸法も抑えられる可能性もあり、コストメリットも期待できる

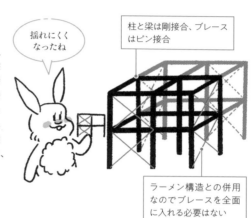

揺れにくくなったね

柱と梁は剛接合、ブレースはピン接合

ラーメン構造との併用なのでブレースを全面に入れる必要はない

アーチ×トラス構造のかたち

日本で鉄骨造の建物が実現した草創期の20世紀初頭、1909年に完成された「初代国技館」（辰野金吾設計）は日本初のドーム型鉄骨板張りの建物である。視界を遮る柱を取り除き、工費削減、防風・耐震性が重視された結果、直径約60mの鉄骨ドームは、アーチ形のトラス架構により実現された

直径約60mのアーチ形トラスの下に、無柱の大空間が広がる

土俵の周りをぐるりと囲む観客席

鉄骨造に適している条件とは？

建物を計画するにあたって、構造種別を決定する要素はさまざまあり、同じ敷地面積・建物規模であっても、合理的な構造種別は異なります。また、用途や建築主の要望などにより求められる空間も違ってきます。建物の構造種別は、各構造種別の特徴を比較検討したうえで、敷地条件、予算、デザインなどから最善の選択をしていくこととなります。鉄骨造が得意とするのは、工場や体育館などの大スパンで広い空間や、高層建築物、耐火性能が要求される建築物、支持地盤が深く杭基礎が必要な敷地、短工期での建設が要望される場合、軽やかで自由な意匠が望まれる建築物などです。

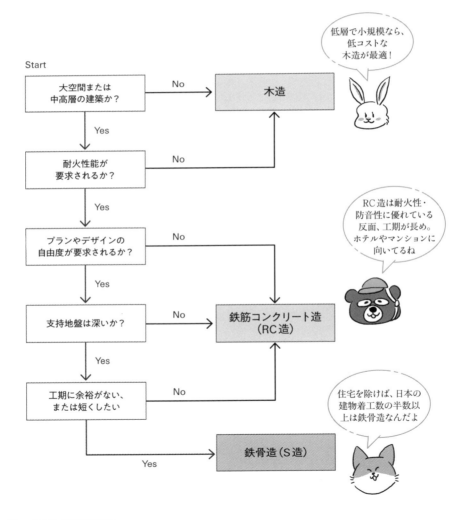

Start

大空間または中高層の建築か？ — No → 木造

低層で小規模なら、低コストな木造が最適！

Yes

耐火性能が要求されるか？ — No

Yes

プランやデザインの自由度が要求されるか？ — No

RC造は耐火性・防音性に優れている反面、工期が長め。ホテルやマンションに向いてるね

Yes

支持地盤は深いか？ — No → 鉄筋コンクリート造（RC造）

Yes

工期に余裕がない、または短くしたい — No

Yes → 鉄骨造（S造）

住宅を除けば、日本の建物着工数の半数以上は鉄骨造なんだよ

重量鉄骨と軽量鉄骨、どちらを選ぶ？

鉄骨造は、鋼材の厚みに応じて「重量鉄骨造」と「軽量鉄骨造」に分けられることを14頁で説明しました。加えて、重量鉄骨造と軽量鉄骨造とでは、建築主の投資計画に少々違いが出てくることも気に留めておきたいところです。これは建物の減価償却資産としての耐用年数がそれぞれ異なるためです。

耐用年数と骨格材の関係

税法上の減価償却資産の耐用年数は、建物の構造と用途に加え、鉄骨造の場合は骨格材の肉厚（t）によっても異なる

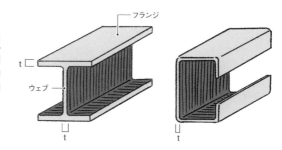

フランジ

t

ウェブ

t

t

鉄骨造建物の耐用年数

骨格材（鉄骨）の肉厚（t）／建物用途	事務所	住宅	工場
4mm＜t	38年	34年	31年
3mm＜t≦4mm	30年	27年	24年
t≦3mm	22年	19年	17年

用途と建てる目的から適切な耐用年数を検討しよう

軽量鉄骨造は「型式適合認定」が多い

軽量鉄骨造は、ハウスメーカーによる軽量鉄骨造プレハブ住宅の成長の歴史とともに発展してきた一面がある。軽量鉄骨造では骨格材の肉厚が薄いため、ブレース構造が主流となる。プレハブ住宅では、このブレースによる間取りの不自由さを解決すべく、各ハウスメーカーが各々に開発した独自構法が含まれている場合が多い。そのため、同じ部材で同じつくり方をすることを条件に、あらかじめ建築基準法における一部の基準に適合していることを一括で認定する「型式適合認定」を受けている

鉄骨造と地球環境のこと

鋼材の環境面での長所は、水平リサイクル（リサイクル前と同じ用途に再利用されること）率が現状90％以上と高く、循環型社会に貢献できる可能性をもつ素材であることです。ただし、木材やコンクリートと比較して、製造時に著しく大きなエネルギーを使うという短所もあります。これは鋼材の特性である強度と靭性（ねばり）を両立させるため、鉄鉱石から酸素を取り除く際に高温のエネルギーが大量に必要となるからです。

リサイクル率高し

鉄は何度でも生まれ変われる素材。容易にリサイクルが可能で、リサイクルされたものはすべて有効活用されている。国内で調達されるスクラップは、国内で生産される鋼材の原料全体の3分の1に達している。また、鉄鋼スクラップは市場原理に基づき、無駄なく世界中を循環している

鋼材を再利用するよ！

ビル

アパート

鋼材

鉄鉱石と石炭（コークス）、石灰石を高炉に入れ、熱風炉で熱した空気を吹き込むと、石炭が燃えて一酸化炭素ができ、炉内温度が上昇する

鉄鉱石

高炉の中は2,000℃超え！

熱風　高炉　熱風

銑鉄

熱い…

炉内の一酸化炭素が鉄鉱石を還元し、還元反応を繰り返すことで、銑鉄ができあがる

製鉄時のエネルギー量も高し

材料別の製造時消費エネルギー（MJ/t）は、木製材（人口乾燥）が6,240、コンクリートが2,000、鋼材は35,000。製造時炭素排出量（kg-C/t）は、木製材（人口乾燥）が201、コンクリートが50、鋼材は700と、どちらも鋼材の消費エネルギーは著しく大きいのが現状である。しかしながら、リサイクル効果を含めた環境負荷評価法が2018年に国際標準化機構（ISO）で規格化されるなど、鉄鋼業界を挙げて地球温暖化対策が推進されている

この章では、一般的な設計実務のポイントを押さえるとともに、鉄骨造の建物の設計をするうえで知っておきたい特徴を理解し、それを生かす設計の勘どころについて解説します。建物ができるまでには人的にも物質的にも多くのエネルギーが費やされるので、建物の寿命は長くありたいものです。物理的な耐久性はもとより、長く親しまれる魅力的な空間の実現を目指して。

鉄骨造の設計の手順は？

建築主から建築の相談を受けてから、建物ができあがるまでの設計業務には、いくつかのステップがあります。一般的な設計業務の手順は、「企画・調査」→「基本計画」→「基本設計」→「実施設計」→「工事監理」という流れとなります。

①企画・調査

建物の設計のための企画立案と、事業計画にかかる調査・検討を行う。基本理念や建設場所、施設規模（概略延べ床面積）、事業費、スケジュールなどを調査・検討し、企画の骨格をつくる

主な調査項目一覧

調査項目	・建築主の建築意図や目的を把握し、要求されている条件を明確化する ・プロジェクトに関連する法令上の諸条件の調査 ・プロジェクトに必要な敷地および地盤の情報収集、敷地測量や地盤調査の実施についての立案 ・上下水道、ガス、電気、通信などのインフラの供給状況 ・気候などの自然環境 ・交通量・市場・利用動線などの調査と分析
建築主への 確認項目	・敷地の所在（登記上の地目［※］も調査する） ・敷地の土地権利形態（自己所有、借地、定期借地など） ・計画建築物の規模・予算・スケジュール ・全体事業計画における計画建築物の位置づけ・要望 ・敷地面積は実測済みか否か ・敷地境界確定書類の有無 ・土地売買契約における附属契約の有無

建てる目的を確認しよう

最初に明確にしておきたいことは、「建築主が建築物を建てる目的」である。建築主にとって建築物を建てることは最終目的ではなく手段であり、建築後の展開に主目的がある。全体事業計画における建築物の位置づけ・役割によって、建築計画のねらいや理想形は大きく異なってくる

たとえば、一口に「飲食店」と言っても、一店舗での経営で長期にわたり継続使用する、採算が取れたらその建築物は売り払って別の展開の足がかりとする、チェーン展開を目指す第一号店としてのモデル店舗とするなど目的はさまざま

どの「飲食店」が最適かな？

※ 地目：不動産登記法により認定された「宅地」「田」「畑」「山林」「雑種地」などの土地の用途。田、畑などの農地は土地権利の移転や建築などについて、農地法・都市計画法などによって制限がある

②基本計画

「基本計画」では、「企画・調査」でまとめた骨格に肉付けをしていく
要領で、設計条件の整理と建物の基本方針の策定を行う

整理しておきたい主な項目一覧

設計条件の確認	・計画地の現況および周辺状況 ・計画地の法規制・上位計画・関連計画の確認 ・計画地の土地利用および配置計画
計画建物の確認	・建物の規模や必要な機能（必要諸室の整理、動線計画、平面・階層計画のゾーニング、構造・設備計画、防災計画、外観・景観・植栽計画など）の確認 ・事業手法・概算事業費・事業スケジュールの確認

③基本設計

「基本設計」では、基本計画を具体的なかたちにして、イメージやコ
ンセプトを図面にして表していく。具体的な寸法も検討し、設計図の
基本となるものを作成する。このステップで、具体的な構造計画や
設備計画も行い、概算工事費も算出する

作成する図面・書類一覧

図面	仕上げ概要表、面積表および求積図、敷地案内図、配置図、平面図、断面図、立面図
書類	建築・構造・設備計画説明書、構造・設備設計概要書、建築・構造・設備仕様概要書、工事費概算書

④実施設計

「実施設計」では、工事費の見積もりや、基本設計に基づいた実際に
施工できる詳細な図面を作成する

作成する図面・書類一覧

建築関連	建築物概要書、特記仕様書、面積表および求積図、敷地案内図、配置図、平面図、断面図、立面図、矩計図、展開図、天井伏図、平面詳細図、部分詳細図、建具表、各種計算書
構造関連	特記仕様書、基礎伏図、床伏図、梁伏図、小屋組図、構造基準図、軸組図、部材断面表、部分詳細図、構造計算書、地盤調査報告書
電気設備関連	特記仕様書、配置図、受変電設備図、幹線系統図、電灯・コンセント設備平面図、動力設備平面図、通信・情報設備系統図、通信・情報設備平面図、火災報知等設備系統図、火災報知等設備平面図、屋外設備図、各種計算書
給排水衛生 設備関連	特記仕様書、配置図、給排水衛生設備配管系統図、給排水衛生設備配管平面図、消火設備系統図、消火設備平面図、排水処理設備図、その他設置設備設計図、部分詳細図、屋外設備図、各種計算書
空調換気 設備関連	特記仕様書、配置図、空調設備系統図、空調設備平面図、換気設備系統図、換気設備平面図、その他設置設備設計図、部分詳細図、屋外設備図、各種計算書
建築・構造・ 設備共通	工事費概算書、その他建築確認申請に必要な図書（道路調査表、建築確認申請書、委任状、認定書、工事届など）

⑤工事監理

「工事監理」では、着工後、建物が図面どおり施工されてい
るかをチェックしていく。併せて、設計変更が生じた場合
の対応を行う。具体的には、建物位置の確認に始まり、各
工程に応じて、設計図どおりの施工がなされているかの確
認を、立ち会い確認・書類確認・両者の併用による確認など、
確認対象工事に適した合理的な方法により行う

鉄骨造は工場製作部
材が比較的多いので、
製作工場での
検査［128頁参照］の
機会が増えるよ

敷地の諸条件を確認しよう

建築主から建築の相談を受けたら、「企画・調査」段階でプロジェクトに関連する法令上の諸条件の調査を行います。敷地・接道条件や、敷地の面積や建築計画の規模、立地環境などの確認のほか、建築物についての法令上の確認も必ず行います。

敷地条件の確認

敷地面積が大きい場合には、まずは計画が開発行為[※1]に該当するか否か、また土壌汚染対策の要否について確認する。敷地面積にかかわらず、敷地が埋蔵文化財包蔵地に指定されているか否かも計画の最初期に確認しておきたい。これらが該当する場合は、法令で定められている手続きや対策を行うため、工事着手前に年単位での時間を要する可能性がある

敷地面積の確認

敷地面積に対して、開発行為に該当するか[下表参照]、土壌汚染対策が必要か（主に3,000㎡以上）、最低敷地面積[※2]に該当するか（200㎡未満）を確認する

開発行為の規制対象となる規模

都市計画区域	線引き都市計画区域	市街化区域	1,000㎡（三大都市圏の既成市街地、近郊整備地帯などは500㎡以上）[※3]
		市街化調整区域	原則すべての開発行為
	非線引き都市計画区域		3,000㎡以上[※3]
準都市計画区域			3,000㎡以上[※3]
上記2区域外			1ha以上

計画建物の規模の確認

中高層建築条例（中高層建築物の建築に係る紛争予防条例）に該当するかを確認する。各自治体・特定行政庁によって異なるが、高さ10mを超える建築物がおおむね該当する。該当する場合は、建築主の計画上の配慮、工事中の措置・電波障害対策、計画の事前公開・報告などが求められる

※1 開発行為：次のいずれかを行う土地の区画形質の変更のこと。区画の変更（道路、水路、公園などの新設）、形状の変更（盛土、切土）、性質の変更（農地など宅地以外の土地を宅地に変更すること）
※2 最低敷地面積：建築可能な敷地面積の下限条件　※3 条例によって開発許可権者が300㎡まで引き下げることができる

接道条件の確認

接道条件を確認する際には、計画道路（道路拡張などの予定）についても確認しておく。建蔽率・容積率のほか、用途地域や防火地域など21種の地域地区について確認する。併せて建築協定の有無も確認しておきたい

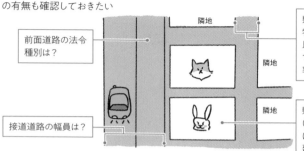

前面道路の法令種別は？

接道道路の幅員は？

敷地から70m以内で特定道路（幅員が15m以上の道路）に接続しているか否か（→容積率緩和の可能性）

敷地が都市計画道路（道路拡張や新設道路）にかかっていないか（→建築規制の可能性）

立地の確認

立地の現況や周辺環境、気候、インフラの状況を確認する。前面道路や幹線道路から敷地までの道路状況、敷地周辺の架空線の現況についても、詳細に確認しておく。道幅が狭かったり、曲がりくねったりしていると、工事車両が制限されてしまい、現場に搬入できる材料などの大きさにも影響が出るので、設計段階で把握しておく。また、ハザードマップなどで敷地の災害リスクも確認しておく

現況：敷地の高低差、傾斜地か平地か、既存建物の有無、既存樹木・電柱の位置、架空線の状況、公共桝の位置、越境物の有無など

気候：温湿度、降水量、積雪量、風向、風速、晴天率、災害リスクなど

周辺環境：都心か郊外か田舎か、海辺か山中か、交通網、道路状況、隣接建物、空港の近接、鉄道の隣接、隣地地下構造物（地下鉄など）の有無など

インフラ：上下水の有無、電力供給の状況、ガス供給（都市ガス、プロパン）の状況

建築物の確認

建築基準法上の建物用途、消防法上の防火対象物の用途区分、工事種別を確認する。工事種別が増築または改修の際には、既存建物の検査済証と図面の有無も確認しておく

建築基準法上の建物用途や、消防法上の防火対象物の用途区分の確認

工事種別（新築か増築か改修か）の確認。増築または改修の場合、既存建物の検査済証、図面、構造計算書の有無も確認する

各種制限を把握しよう

該当する用途地域や前面道路幅員などの条件により、その敷地に建てられる建築物の高さなどは制限されます。高さの制限には、「絶対高さ制限」、「斜線制限」、「日影規制」があります。建築協定や条例、用途地域や地域地区によっては、外壁の後退距離が定められている場合もあります。これらにより、その敷地に建築可能な立体的な範囲が定まります。まずはその範囲を把握して、範囲内に収まるように建物形状を検討していきます。どうしても収まらない場合は、「天空率」の適用を検討してもよいでしょう。

絶対高さ制限

全国一律に、「第一種低層住居専用地域」、「第二種低層住居専用地域」、「田園住居専用地域」の3つの用途地域に適用される建物の高さ制限のこと。制限高さは10mまたは12m以下

高度地区

建築物の高さの最高また最低高さを定めている地区。具体的な制限内容は各自治体(特定行政庁)によって異なる。建物の高さだけでなく、北側斜線制限を含んでいることが多い。高度地区では天空率による緩和は受けられない

高さは絶対！

10m
または
12m以下

日影規制

建築物が周囲につくる日影の時間を規制する。建物の配置と形態により、周囲に落ちる日影の時間は変わるので、建物の配置と形態が制限されることとなる。「商業地域」、「工業地域」、「工業専用地域」、「用途地域の指定のない区域」を除く用途地域のうち、地方公共団体が指定する対象区域内の「軒高7m以上」、「地上3階以上」、「建物高さ10m以上」、いずれかの建築物に適用される。具体的な規制内容は用途地域および地方公共団体により異なる

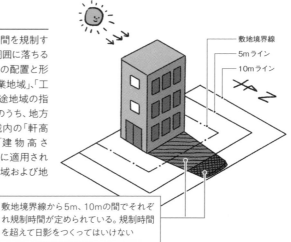

敷地境界線

5mライン

10mライン

敷地境界線から5m、10mの間でそれぞれ規制時間が定められている。規制時間を超えて日影をつくってはいけない

斜線制限

建築物の各部の高さを、一定勾配の斜線内に収めるための規制。制限される高さは用途地域によって異なる

道路斜線

敷地が接する前面道路の反対側の境界線を起点として、一定の勾配で示された斜線による制限。すべての用途地域に適用される

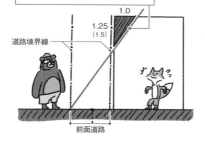

道路境界線

前面道路

隣地斜線

隣地境界線から一定の立上り高さを設け、その上部を一定の勾配で示した斜線による制限。「第一種低層住居専用地域」、「第二種低層住居専用地域」、「田園住居専用地域」を除く用途地域に適用される

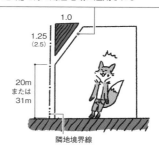

隣地境界線

北側斜線

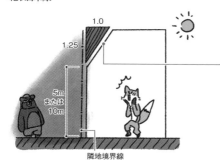

北側の隣地境界線、または北側の前面道路の反対側の境界線から一定の立上り高さを設け、その上部を一定の勾配で示した斜線による制限。「第一種低層住居専用地域」「第二種低層住居専用地域」、「田園住居専用地域」、「第一種中高層住居専用地域」、「第二種中高層住居専用地域」に適用される

隣地境界線

天空率

斜線制限にかかわらず、ある位置から建築物を見たときの建物と空の比率で、建築物の高さを規制する指標。天空率の規定に適合すれば、斜線制限を超えた建築物の計画が可能となる

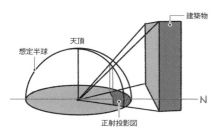

魚眼レンズで空を見上げたときにできる円の面積のうち、建物の面積と空の面積の割合を表したものを「天空率」という。空の面積の割合が大きいほど、天空率は高くなる

建物のボリュームを確認しよう

高さ・斜線制限［44、45頁参照］の範囲の把握ができたら、敷地に建てられる建物の規模を示す「容積率」と「建蔽率」を確認します。条件によっては、指定容積率よりも高さ・斜線制限の範囲による建物規模のほうが下回る場合もあるので、注意が必要です。

容積率の確認

容積率とは、建築物の延べ面積（延べ床面積）の敷地に対する割合。容積率の規制には指定容積率（都市計画により定められた容積率）と基準容積率があり、どちらか小さいほうの値が容積率の限度となる。容積率の限度にはいくつかの特例や緩和措置も設けられている

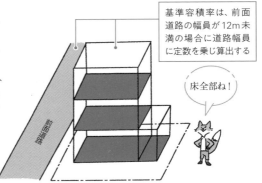

基準容積率は、前面道路の幅員が12m未満の場合に道路幅員に定数を乗じ算出する

床全部ね！

建蔽率の確認

建蔽率とは、建築物の建築面積（建物を真上から見たときの面積）の敷地に対する割合。原則は、用途地域ごとに限度が定められているが、防火地域内での耐火建築物や角地の特例・緩和がある

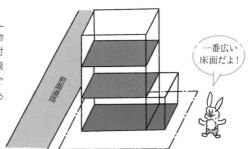

一番広い床面積だよ！

最終的に適合したかたちか？

最終的に適合できるかたちになっているかの確認はもちろん必要だが、計画を進めてからその確認をして不適合であることがわかっても、「時すでに遅し」となってしまうこともある。計画の最初期の段階で、法的に建てられる立体的な範囲を的確に把握し、その範囲内で計画を進めていくのが効率的だ

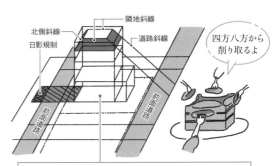

四方八方から削り取るよ

容積率・建蔽率はもちろん、絶対高さ制限、日影規制、道路斜線、隣地斜線、北側斜線といった各種斜線制限・高さ制限すべてに適合したかたちになっているかを確認する

地盤調査で設計条件の確認を

建物の基礎を含む地下部分の設計条件の検討には、計画地の地盤の構成、強度、特徴を把握する必要があるので、標準貫入試験（ボーリング調査）やSWS試験といった地盤調査を行います。地盤の構成は敷地によって異なります。計画地での地盤調査の前に、まず近隣の地盤調査データ（近隣データ）を収集し、計画地の地盤を推測して、予定調査深度や調査方法、実施する試験の内容を決定します。

地盤調査の方法

標準貫入試験（ボーリング調査）

穴を掘り進めながら地盤の性質を調べる。中規模～大規模の建築物に用いられることが多い。土そのものを採取するので、室内土質試験を行えば、より詳しい地盤の性質を調べられる

地盤の強度を示すN値を1mごとに測定するとともに、地層境界の深さとおおよその地下水位を知ることができる

計測可能深度
100m程度

やぐら
ロッド
サンプラー

SWS試験（スクリューウエイト貫入試験）

旧スウェーデン式サウンディング試験。地面におもりを載せたロッド（鉄の棒）を貫入し、その沈み具合から地盤の強度を算出し、土質を推定する。比較的小規模な建築物に用いられることが多い

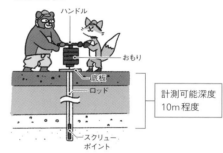

ハンドル
おもり
底板
ロッド
スクリューポイント

計測可能深度
10m程度

標準貫入試験とSWS試験の比較

項目	標準貫入試験	SWS試験
液状化判定の可否	可能	不可
調査可能地盤	制限はほとんどなし	硬い地盤（N値30以上の砂礫層など）では不可
調査可能深度	制限はほとんどなし	最大10mまで
調査費用	高い	低い（ボーリング調査の約1/4）
調査期間	数日～数週間	半日～1日
調査時の騒音	大きい	小さい
調査に必要なスペース	約5m四方	約1.5m四方

地盤調査のポイント

調査では、支持層となる安定地盤層の確認、液状化の危険性の有無、支持地盤の傾斜の程度、支持地盤以深の地盤状況の確認、地下水位の確認を行う。液状化が起こりやすいのは埋立地や旧河川跡、水田跡など。地下階の防水仕様や山留の工法の検討などには地下水位の確認が欠かせない

支持地盤
地下水位

地下水位が高くN値（地盤の硬さ・強度）が低く、かつ砂質土が浅い位置にある地域では、地盤調査の際に液状化についても検討するとよい

建設コストと市況の関係は？

建設コストを比較する際によく用いられるのが、坪単価や㎡単価です。建設コストを左右する要因は、建物の用途や形状、規模、仕様のグレード、建設地域など多岐にわたりますが、構造種別ごとに比較すると、国内の多くの地域では、鉄骨造、RC造、鉄骨鉄筋コンクリート造（SRC造）の順に高くなっているのが現状です（近年の東京では、RC造よりも鉄骨造のほうが高くなっています）。鋼材は市況による価格変動が比較的大きい材料で、工事の時期や鋼材の発注時期によって建設コストが大きく変動することがあります。構造種別を決定する際には市況も考慮しておくとよいでしょう。

鉄骨造は坪単価が安い？

ここ10年間の坪単価の推移はどの構造種別でも上昇傾向にあるが、用途別（オフィスビル、倉庫、ホテル、商業施設、住宅）および構造種別ごとの坪単価を比較すると、ホテルと住宅用途を除く用途では鉄骨造の坪単価が安く（RC造比で5～35%程度安価）、鉄骨造のホテルではRC造より20%程度、住宅では木造より45%程度高い。用途別・構造種別の着工棟数に占める鉄骨造の割合は50～90%（2020年、住宅を除く）と圧倒的に大きくなっている

> オフィスビル、倉庫、商業施設なら鉄骨造が安価傾向

> ホテルなら
> RC造

> 住宅なら木造がダントツ！

鋼材の価格変動に要注意

鋼材の価格は、原材料の鉄鉱石と鉄スクラップの価格に大きく影響を受ける。鉄鉱石は輸入に頼っており、鉄スクラップは国内で豊富に調達されるが輸出もしているため、海外での取引価格が上昇すると輸出され、結果として国内価格も引き上げられる。よって鋼材価格は、海外での鋼材需給の状況に影響を受けて変動するのが現状だ

> 近年では、上海万博（2010年）前の2008年、東京オリンピック（2021年）前の2018年に鋼材の価格が高騰した

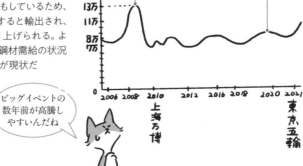

> ビッグイベントの数年前が高騰しやすいんだね

鉄骨造の耐火要件は？

建築基準法で定められている建築物の耐火要件は、鉄骨造では、「敷地の防火指定」(防火地域・準防火地域)と「建物の用途」(特殊建築物)によって制限されます。木造ではこれに加え「建物の規模」(木造大規模建築物)によっても制限されます。近年の法改正で、木造でも耐火構造に適合できるようになりましたが、主要構造部を耐火構造としやすい主な構造種別は、RC造、SRC造、耐火被覆を施した鉄骨造です。

敷地の防火指定

敷地の防火指定に応じて、延べ面積と階数により主要構造部(壁・柱・梁・床・屋根・階段)の仕様が制限される

主要構造部に「耐火構造」が求められる建物

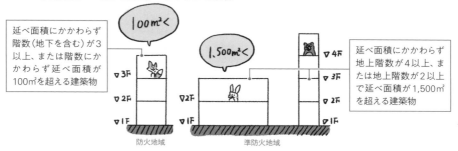

延べ面積にかかわらず階数(地下を含む)が3以上、または階数にかかわらず延べ面積が100㎡を超える建築物

延べ面積にかかわらず地上階数が4以上、または地上階数が2以上で延べ面積が1,500㎡を超える建築物

主要構造部に「準耐火構造」以上、または柱・梁に「不燃材料」が求められる建物

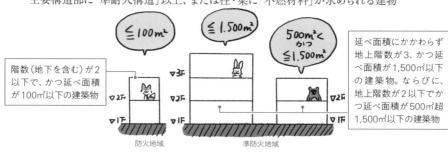

階数(地下を含む)が2以下で、かつ延べ面積が100㎡以下の建築物

延べ面積にかかわらず地上階数が3、かつ延べ面積が1,500㎡以下の建築物。ならびに、地上階数が2以下でかつ延べ面積が500㎡超1,500㎡以下の建築物

特殊建築物には耐火構造を

劇場、病院、学校、飲食店、自動車車庫などの「特殊建築物」の用途となる建築物のうち、主に3階以上にその用途部分があるもの、またはその用途部分の床面積の合計が一定以上の建築物は、主要構造部に耐火構造が求められる

劇場の場合、客席部分の床面積の合計が200㎡以上(屋外観覧席は1,000㎡以上)の建物は耐火構造としなければならない。用途によって床面積などの条件は異なる

耐火の性能基準とは？

耐火の性能については、性能の高い順に「耐火構造」、「準耐火構造」、「防火構造」として、建築基準法で規準が定められています。主要構造部を「耐火構造」とし、かつ延焼の恐れのある部分の開口に一定の防火性能を備えた建築物を「耐火建築物」と定めています。主要構造部を「準耐火構造」とした建築物は「準耐火建築物」の１つとして定められています。

耐火構造＝最長3時間

主要構造部（壁・柱・床・梁・屋根・階段）が、「通常の火災が終了するまでの間、建築物の倒壊、および延焼を防止する性能」を備えた構造。階数や構造部分によるが、最長3時間の火災に耐えうる高い性能が求められる

最上階および最上階から数えた階数が2以上4以内の階は、壁・床・柱・梁が1時間、屋根・階段が30分間、火災に耐えうる構造とする

最上階から数えた階数が5以上14以内の階は、壁・床・柱・梁が2時間、屋根・階段が30分間、火災に耐えうる構造とする

最上階から数えた階数が15以上の階は、壁・床が2時間、柱・梁が3時間、屋根・階段が30分間、火災に耐えうる構造とする。地階もすべて階数に算入する

下階ほど負担する荷重が大きく、倒壊時の影響が大きいため、耐火性能の基準も下階に行くほど厳しくなる

準耐火構造＝30〜45分間

主要構造部などが、通常の火災による延焼を抑制する性能を備えた構造。主に防火地域や準防火地域に建つ、階数が2または3以下で、延べ床面積が小さめの建物が対象となる

屋根・階段は30分間の火災に耐える構造とする

耐力壁・床・柱・梁は45分間の火災に耐えうる構造とする

防火構造＝30分間

周囲で起きた通常の火災による延焼を抑制する性能を、外壁と軒裏のみに備えた構造。主に準防火地域に建ち、階数が2以下で、小規模な木造住宅などが対象となる

外壁・軒裏ともに30分間、火災に耐えうる性能が求められる

鋼材を守る耐火被覆とは？

鋼材は不燃材料ですが、火災などの高温域では強度が著しく低下するため、鉄骨造では主に鉛直荷重を受ける柱・梁・床・ブレースなどに耐火被覆を施して「耐火構造」や「準耐火構造」とするのが一般的です。吹付けタイプと巻き付けタイプは天井懐内などの隠蔽部分に、張り付けタイプは柱や梁の見え掛かり部分に、塗装タイプは鉄骨の露し部分に使用されることが多いです。また、梁や柱の耐火被覆の一部をプレキャストコンクリート（PCa）版やALCパネルなどの外壁やコンクリート床で代用する（合成耐火被覆）こともでき、よく用いられますが、特に寒冷地では断熱との取り合いに注意しましょう。

吹付けタイプの特徴

岩綿（ロックウール）を主原料とし、セメントを硬化剤として専用吹付け機で吹き付ける［182、183頁参照］。安価で施工性にも優れるが、粉塵が発生するので他工事との並行作業は難しい

塗装タイプの特徴

わずか数mmの塗膜厚で、火災時には20～30倍に発泡して炭化層の断熱層をつくり、鉄骨を高温の火災から守る［184頁参照］。比較的高価ではあるが、屋内だけでなく屋外でも鉄骨のフォルムを生かした仕上げが可能となる。ただし、現状では2時間耐火までのものしかない

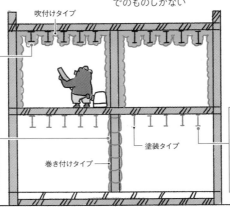

吹付けタイプのロックウールにはある程度の断熱性能があるので、厚みを増せば断熱材としての性能も期待できる

近年は吹付け職の人材不足もあり、粉塵が少なく他工事との並行作業が可能な巻き付けタイプが主流になりつつある

吹付けタイプ

巻き付けタイプ

塗装タイプ

塗装タイプは鋼材サイズを指定して大臣認定を受けているため、使用できる鋼材のサイズが限られる

合成耐火被覆とは？

2種類以上の異なる耐火被覆材（ALCパネル外壁と吹付けロックウールなど）を用い、鉄骨造で耐火構造の柱や梁をつくる。現状では壁と柱・梁の取り合い部分で耐火被覆の施工ができないのを補うために用いられている

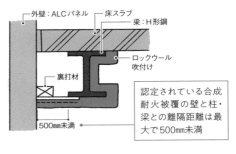

外壁：ALCパネル　床スラブ

梁：H形鋼

ロックウール吹付け

裏打材

500mm未満

認定されている合成耐火被覆の壁と柱・梁との離隔距離は最大で500mm未満

鉄骨造の断熱のポイントは？

「断熱」とは、屋外と屋内の境界において、熱が伝導しづらくすることです。外からの熱（暑さや寒さ）は室内に伝わりにくく、室内の熱（涼しさや暖かさ）は外へ逃げづらくすることで放射環境を整え、室内の快適さを向上させるのに役立ち、省エネルギー化にも貢献できます。近年は建築物省エネ法の適合義務化やZEH［※1］・ZEB［※2］の推進もあり、寒冷地だけでなく温暖地でも、断熱性能の重要性が増しています。鉄骨造の場合、鋼材は熱伝導率が高いため、断熱の弱点となる部分結露などに注意しましょう。

断熱の弱点を把握しよう

断熱は、屋根や外壁（地下を含む）などの外皮に断熱層を設け、断熱層で建物全体を切れ間なく覆うことが基本となる。断熱層ですっぽりと包み込むのが理想だが、実際は断熱層の切れ目がどうしてもできてしまう。その場合は、断熱補強で結露対策を行う。このほか、鉄骨造では特に断熱層の内外（屋内外）に連続する部材や、外壁と柱や梁の合成耐火被覆［51頁参照］などで結露しやすいので要注意

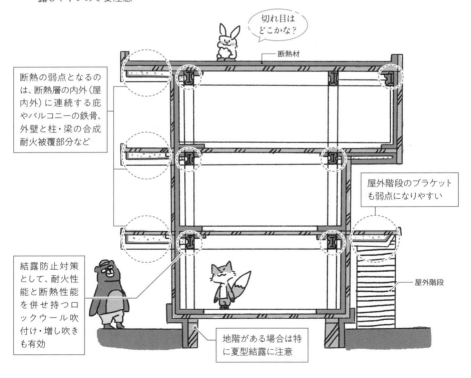

切れ目はどこかな？

断熱材

断熱の弱点となるのは、断熱層の内外（屋内外）に連続する庇やバルコニーの鉄骨、外壁と柱・梁の合成耐火被覆部分など

屋外階段のブラケットも弱点になりやすい

屋外階段

結露防止対策として、耐火性能と断熱性能を併せ持つロックウール吹付け・増し吹きも有効

地階がある場合は特に夏型結露に注意

※1 ZEH：ネット・ゼロ・エネルギー・ハウスの略
※2 ZEB：ネット・ゼロ・エネルギー・ビルの略

内断熱と外断熱の違いは？

現在、国内のRC造では内断熱が主流であるのと同様、鉄骨造でも内断熱が主流だ。内断熱は外壁や屋根の内側に断熱層を設ける方法で、外断熱より安価。ただし鉄骨造でも、屋根スラブがRC造の場合、屋根は外断熱とすることが多い。外断熱は外壁や屋根の外側に断熱層を設けるもので、高断熱としやすく、断熱の切れ目は比較的少なくできる

断熱層は止水性・耐火性・層間変位追従性が確保された外壁や屋根の室内側に設けられるため、シンプルで比較的施工が簡易なものになりやすい

外壁を含めた建物全体の熱容量を生かし、室内の床・壁・天井の表面温度を安定させることで、室温を安定させる

内断熱　内から温まる

外断熱　すっぽり包む

内断熱と外断熱の納まりは？

鉄骨造では外壁の仕様により、断熱の一般的な方法は異なる。鉄骨造の外壁は非耐力壁である帳壁（カーテンウォール）や、乾式構法で施工されることがほとんどで、その場合は内断熱が主流となる

外壁がPCaカーテンウォール、ALCパネル、押出成形セメント板（ECP）の場合には、外壁の内側に発泡ウレタンを吹き付ける内断熱が一般的である

倉庫や工場などでよく用いられるサンドイッチパネルは、断熱材が外壁材に組み込まれている。そのため外断熱の扱いではあるが、外壁の熱容量による効果は期待できない。寒冷地では目地の結露を考慮し、グラスウールなどを使い内断熱による補強を行うこともある

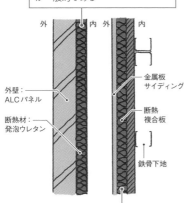

外壁：ALCパネル

断熱材：発泡ウレタン

金属板サイディング

断熱複合板

鉄骨下地

断熱複合板＋金属板サイディングの耐火仕様は大臣認定工法となるため、認定仕様を確認して設計・施工すること

内断熱の納まり

断熱材とベースコート、トップコートの弾性性能を利用し、ALCパネルの層間変位追従性を損なわず、かつ断熱材も変異に追従するしくみ

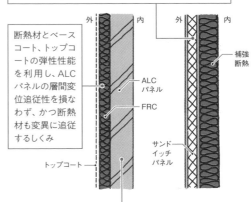

トップコート

ALCパネル

FRC

補強断熱

サンドイッチパネル

ALCパネルの外断熱工法は、日本国内ではマイナーな仕様で、耐火性能は大臣認定工法ではない。そのため、ALCパネルの耐火性能に依存することとなるが、特定行政庁に確認する必要がある

外断熱の納まり

耐震性能を発揮させるには？

鉄骨造は、鋼材の強さ（強度と剛性）とねばり（靭性）によって地震に耐える構造です。地震で揺れることで地震のエネルギーを吸収し、壊れにくく、耐震性能を高くすることができます。鉄骨造が高い耐震性を発揮するためには、適切な設計と施工が不可欠です。鋼材の材質・性能は安定していますが、接合部が適切に設計・施工されなければ、高い耐震性能は発揮されません。実施設計、工事監理において接合部が重要なポイントの1つとなります。

揺れを逃がす設計を

鉄骨造では、外壁や窓が地震力などの力を負担することはないものの、外壁や窓は骨組みと接合している。建物の骨組みが地震や強風などで揺れる際に、外壁や窓、非耐力壁も骨組みと一緒に揺れて層間変位追従性をもたせることで、壊れたり漏水したりしない設計となる

ラーメン構造の場合、垂直水平の柱・梁といった構造材が揺れ（地震力）を逃がし、倒壊を防ぐ。このとき、開口部や外壁が構造材と一緒に揺れたり、層間変位に追従できないと、窓や外壁が壊れてしまう

お供しますぜ

開口部や外壁が構造体に追従し、一体となって揺れを逃がす接合部とするのが鉄骨造の設計の基本だ

耐震性を発揮させる接合部

鉄骨の接合部の種類には「機械接合」（ボルト接合）と「溶接接合」があり［114頁参照］、一方、接合方法には主に「剛接合」と「ピン接合」がある［82頁参照］。「剛接合」の基本的な納まりは、溶接接合（突き合わせ溶接＋隅肉溶接）と、機械接合の一種である摩擦接合の組み合わせ。「ピン接合」は隅肉溶接と高力ボルト接合の組み合わせが基本となる。ラーメン構造の柱・梁には剛接合、ブレース構造やトラス構造の部材接合部にはピン接合、というように力の伝達方法に応じた適確な使い分けが大切だ

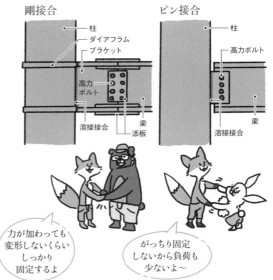

剛接合

柱
ダイアフラム
ブラケット
高力ボルト
溶接接合
梁
添板

ピン接合

柱
高力ボルト
梁
溶接接合

力が加わっても変形しないくらいしっかり固定するよ

がっちり固定しないから負荷も少ないよ〜

防音性能を高めるには？

鉄骨造の建物の防音性能は、基本的にRC造の建物よりも劣ります。これは、建物全体の重量がRC造よりも鉄骨造のほうが軽く、音や振動が伝わりやすいためです。防音は、主に「遮音」と「吸音」によってなされます。遮音にはコンクリートや石膏ボードなどの重量の重いものが有効で、吸音にはグラスウール、岩綿（ロックウール）、ウレタンフォームなどの軟らかく多孔質なものが有効です。また外壁には、換気口などの設備開口があるので、ここからの騒音の侵入にも気を配りたいところです。

防音のしくみ

音を通さずに跳ね返すのが「遮音」。音漏れは防げるが、室内で発生した音は跳ね返すだけなので、室内に過度な反響音が残る。対して、発生した音を吸収して音の反射（反響）を防ぐのが「吸音」だが、吸収した音は通り抜けてしまう。この「遮音」と「吸音」をうまく組み合わせ、音の侵入や漏れを防ぎつつ、過度な反響を和らげることが「防音」である

自分の声が跳ね返ってくる！

何かうっすらと聴こえるなぁ

遮音　　　　　　　吸音

効果的な防音方法とは？

鉄骨造で有用な防音方法として、道路に面する壁に開口を配置するのは避ける、といったプラン上の配慮のほか、重量のある外壁材やガラスを採用して遮音する、吸音効果が期待できる断熱材を採用する、といった方法がある

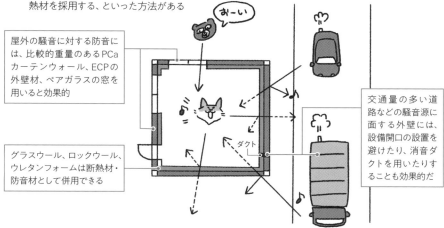

おーい

屋外の騒音に対する防音には、比較的重量のあるPCaカーテンウォール、ECPの外壁材、ペアガラスの窓を用いると効果的

グラスウール、ロックウール、ウレタンフォームは断熱材・防音材として併用できる

ダクト

交通量の多い道路などの騒音源に面する外壁には、設備開口の設置を避けたり、消音ダクトを用いたりすることも効果的だ

防水性能を高めるには？

RC造では、密実に打設された屋根や外壁のコンクリートが一体構造式となるため、ある程度の水密性を期待できますが、鉄骨造では、組み立て式の屋根や外壁に防水性能をもたせることとなります。組み立て式のため部材には接合部（目地）が発生します。その接合部にも防水性能が求められ、また防水上の弱点ともなりがちです。鉄骨造で高い防水性を得るには、接合部の止水機構に気を配るとよいでしょう。

防水の要は接合部

外皮（外壁、窓、屋根）は建物の骨組みの揺れを逃がす納まりとするが、同時にこれらの接合部には揺れて動いても漏水しない止水性能も必要となる

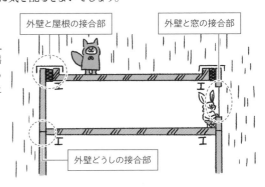

外壁と屋根の接合部

外壁と窓の接合部

外壁どうしの接合部

防水性を高めるワザ

シーリング（2面接着、ダブルシール）

鉄骨造での外壁乾式パネル、窓廻り、ガラス廻りなどの動きのある目地（ワーキングジョイント）は、シーリング材が追従できるように2面接着とする。3面接着では追従できないので適さない。なおシーリングによる止水処理は、イニシャルコストは安価だが、メンテナンスコストは高くなる

> 不定形シーリング材の劣化・剥離に備え、外部側の目地（一次シール）は不定形シーリング材、室内側の目地（二次シール）は定型シーリング材にしてダブルシールとし、その間を通して下部に排水する

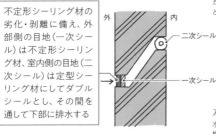

二次シール

一次シール

オープンジョイント

雨仕切り、等圧用開口部、気密栓を組み合わせ、目地内の気圧と外気圧を同圧にし、水の浸入を防ぐ。止水性能の永続性が期待できるため、高層ビルのPCaカーテンウォール（PCパネル外壁）の接合部などに用いる。イニシャルコストはかかるが、メンテナンスコストを抑えることができる

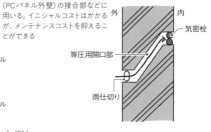

気密栓

等圧用開口部

雨仕切り

嵌合式

中低層の建物で、金属系サイディングの外壁パネル接合部や折板などの金属屋根の接合部などに用いられる

> 凸凹をはめ合わせて層間変位に追従しつつ、凸凹部が水返しとなり水の浸入を防ぐ

外壁下地

外部パネル

ビス

水返し

水は基本的に、表面をつたって重力に沿って下に流れるが、横風などが当たると重力に逆らって上向きに移動する。こうして水が部材の裏側へ浸入するのを防ぐ目的で設ける立上りが、水返しだ

> ちょっとしたことだが、漏水防止には大きな効果を発揮するので、風圧がかかる接合部に水返しを設けるのはかなり有効な手段である

階段状だね

配置・平面・断面を検討しよう

建物を建てられる立体的な範囲は法的に限られていますので、敷地内での建物の配置によって、建設可能な建物全体の形態は異なってきます。また建物は立体なので、設計を進めるうえで、常に立体を意識しておく必要があります。平面図は水平方向、断面図は高さ方向を検討するのに役立つので、配置・平面・断面の検討をバランスよく進めると、効率的にプランの検討が進められます。

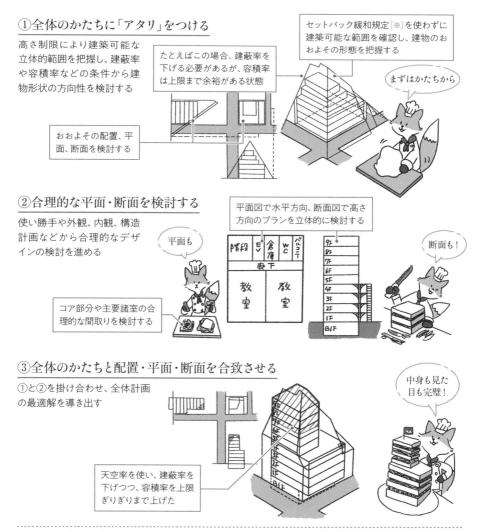

①全体のかたちに「アタリ」をつける

高さ制限により建築可能な立体的範囲を把握し、建蔽率や容積率などの条件から建物形状の方向性を検討する

たとえばこの場合、建蔽率を下げる必要があるが、容積率は上限まで余裕がある状態

セットバック緩和規定［※］を使わずに建築可能な範囲を確認し、建物のおおよその形態を把握する

まずはかたちから

おおよその配置、平面、断面を検討する

②合理的な平面・断面を検討する

使い勝手や外観、内観、構造計画などから合理的なデザインの検討を進める

平面も

平面図で水平方向、断面図で高さ方向のプランを立体的に検討する

階段	EV	倉庫	WC	バルコニー
廊下				
教室		教室		

9F 8F 7F 6F 5F 4F 3F 2F 1F B1F

断面も！

コア部分や主要諸室の合理的な間取りを検討する

③全体のかたちと配置・平面・断面を合致させる

①と②を掛け合わせ、全体計画の最適解を導き出す

中身も見た目も完璧！

天空率を使い、建蔽率を下げつつ、容積率を上限ぎりぎりまで上げた

※ セットバック緩和規定：道路境界線からの外壁後退距離に応じ、道路斜線の起点を敷地から遠ざける緩和規定

基本プランで検討すべきことは？

基本プランの作成を進めるにあたって、意匠・構造・設備が並行して検討できるよう準備をしましょう。構造の検討には、建物形状はもとより、建物のどの部分にどのような重さがかかるのかを把握しておきます。床の積載荷重は部屋の用途によって決まりますが、鉄骨造の場合は外壁や屋根の外装材の仕様によって重さが大きく異なるので、外装の方針を検討しておくことがポイントです。また設備では、受水槽、キュービクル（受変電設備）、空調室外機などの重量物の配置、空調や換気ダクト、排水管の大まかな径とルートが検討できる程度まで、方針を立てておきましょう。

性能を決定づけるのは外壁

構造種別にかかわらず、外装材には耐風圧、防水、耐火、断熱、防音などの建物にとって重要な諸性能が要求される。鉄骨造の外壁には、これらの性能を満たしつつ、層間変位に追従する性能も要求される。外壁は構造部材ではない非耐力壁（帳壁）として、乾式工法（組み立て式）とすることで、層間変位に追従する方法が一般的だ。代表的な追従方式には、「ロッキング方式」と「スライド（スウェイ）方式」がある。またサッシ性能［177頁参照］も確認しておく

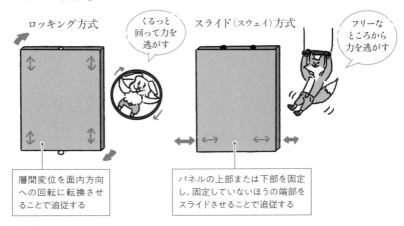

ロッキング方式

くるっと回って力を逃がす

スライド（スウェイ）方式

フリーなところから力を逃がす

層間変位を面内方向への回転に転換させることで追従する

パネルの上部または下部を固定し、固定していないほうの端部をスライドさせることで追従する

外装設計のポイント

設計条件	チェックポイント
意匠条件	外観イメージやコストが見合っているか
自然条件	風・雨・雪への耐性はあるか（例：ALCパネルは雪に弱い「凍結融解」による破損に注意）、外気温や湿度の確認、地震の頻度の確認など
地域条件	騒音の有無、空気汚染状況、周辺建物・道路の状況の確認
法的条件	耐火性能を満たしているか、延焼防止の基準を満たしているか、採光面積は十分に得られるか、排煙・避難など消防上の条件を満たしているか
使用条件	メンテナンスはどれくらい必要か、ライフサイクルコストは見合ったものになっているか、管理・防犯上の問題はないか
施工条件	仮設・揚重計画・運搬方法・工期といった施工計画との照合・確認

外壁材の重量確認も忘れずに

外壁材の重量は構造設計に影響するので、用いる外壁材は基本設計の段階で目処をつけておく。鉄骨造に用いられる一般的な外壁材は、サイディング（低〜中層）、ALCパネル（低〜高層）、ECP（低〜高層）、PCaカーテンウォール（低〜超高層）など［173頁参照］。重量はサイディングが最も軽く、PCaカーテンウォールが最も重い。またコストも、重さの順と同じで、PCaカーテンウォールが最も高価となる

外装材の重量概算

外装材	重さ
サイディング	約10〜25kg／㎡
ALCパネル	約65kg／㎡（厚さ100mmの場合）
押出成形セメント板（ECP）	約70kg／㎡（厚さ60mmの場合）
PCaカーテンウォール	約200kg／㎡

要チェックや

設備も基本計画時から

化石燃料由来のエネルギー消費量を抑えつつ快適な環境をつくり出すためには、設備単独でエネルギー消費を抑えるのではなく、外皮性能や日射取得率などを左右する建築計画と一体となり、設備と建物両方の機能がフルに発揮できるよう、建物の目的に合わせて考えることが必要となってきている。基本計画において建築と設備が統合されていることが望ましい

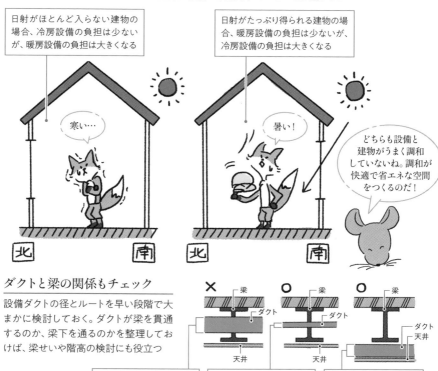

日射がほとんど入らない建物の場合、冷房設備の負担は少ないが、暖房設備の負担は大きくなる

日射がたっぷり得られる建物の場合、暖房設備の負担は少ないが、冷房設備の負担は大きくなる

寒い…

暑い！

どちらも設備と建物がうまく調和していないね。調和が快適で省エネな空間をつくるのだ！

ダクトと梁の関係もチェック

設備ダクトの径とルートを早い段階で大まかに検討しておく。ダクトが梁を貫通するのか、梁下を通るのかを整理しておけば、梁せいや階高の検討にも役立つ

梁を貫通させる場合は梁せいの1／3以上はNG

梁を貫通させるなら梁せいの1／3以内に抑える

天井懐に余裕があるなら梁下を通すのが無難

外観イメージを実現するには？

一般的な鉄骨造の建物では、ガラスやALCパネルなどの乾式壁を外装材として使用します。その場合、これらを利用した意匠的なデザインや機能性とうまく融合するような構造計画を考えていきます。また、ブレース構造やトラスを用いた構造では、その構造形式が外観に直接影響を与える場合もあります。構造体をうまくファサードの意匠に生かせると、特徴的でダイナミックな外観をつくることができます。このような見せ方をする場合、意匠設計者と構造設計者にはより緊密な連携が求められます。

外観デザイン×構造計画の考え方

建築主や意匠設計者の要求に応じた建物の外観イメージから、うまく適合する構造のシステムを検討していく

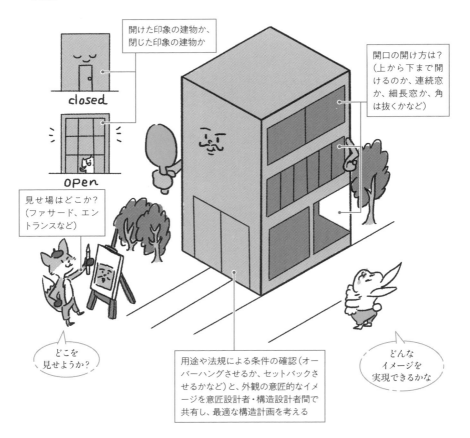

開けた印象の建物か、閉じた印象の建物か

closed

open

見せ場はどこか？（ファサード、エントランスなど）

開口の開け方は？（上から下まで開けるのか、連続窓か、細長窓か、角は抜くかなど）

どこを見せようか？

用途や法規による条件の確認（オーバーハングさせるか、セットバックさせるかなど）と、外観の意匠的なイメージを意匠設計者・構造設計者間で共有し、最適な構造計画を考える

どんなイメージを実現できるかな

ブレースやトラスを意匠に生かす

ブレースやトラスは形態として特徴が出やすく、外観にも鉄骨造らしさを表現しやすい

ブレースのパターンでファサードをつくる

ブレースの架け方次第で、さまざまな意匠のファサード表現ができる。形状決定には構造の合理性も大事にしたいところだ

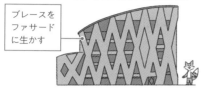

ブレースをファサードに生かす

超高層ビルのメガフレーム

超高層建築では、階をまたぐような大きなトラスフレームを構成する場合もある。力強いトラスフレームはビルの印象を左右する大きなポイントとなる

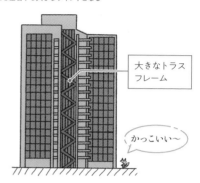

大きなトラスフレーム

かっこいい～

自由だ！

ブレースを外観に生かすメリット

外殻をブレースで固めると、内部空間はオープンになり、プランニングも自由になりやすい

ガラス越しに鉄骨を見せる

方杖や柱、ブレースなどを露しとして、ガラス越しの外観デザインに生かすのも1つの手だ。この場合、鉄骨が「見えてしまっている」不本意なデザインにならないように工夫したい

ブレースを見せる

ガラス越しにブレースを見せる場合は、ブレースの配置パターンや部材形状のほか、接合部の納まりにも気を遣う

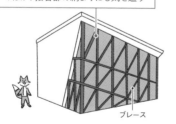

ブレース

柱を見せる

柱を印象的に見せる場合は、プロポーションにもこだわりたい。細くてスレンダーな柱を実現するには、柱周辺の構造にも工夫が必要となる

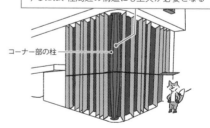

コーナー部の柱

方杖を見せる

窓面全体が斜材でふさがるのを避けるため、方杖を設ける場合はブレース同様、見え方に注意を払いたい

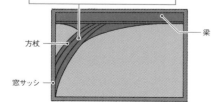

方杖

窓サッシ

梁

「見えてしまっている」はNG

意図せぬかたちでブレースが中途半端に見えてしまうことは避けたい。そのためにも、設計時に意匠と構造の綿密なすり合わせを行う

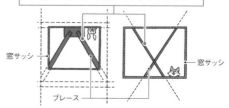

窓サッシ

ブレース

窓サッシ

外装の取り付け方法と納まり

鉄骨造の一般的な外装材として、ALCパネルとECPが挙げられます。これら外装材は、台風時の強風や大きな地震の揺れに対しても、破損や脱落がないように設計を行う必要があります。建物の揺れに対しては、部材どうしに一定のクリアランスを設けて動きのずれを吸収し、構造体の変形に追従させることによって、外装材に力がかからないような納まりとすることが基本です。

ALCパネルの取り付け方

縦壁ロッキング構法

ALCパネルの取り付けでは一般的な構造。パネルの上下でピン接合し、縦長パネル全体がロッキング（回転）できるよう取り付ける。回転機構を兼ねるパネルに差し込まれた取り付けボルトによって本体側へ取り付けられる

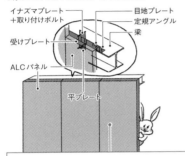

イナズマプレート
＋取り付けボルト
目地プレート
定規アングル
梁
受けプレート
ALCパネル
平プレート

壁面全体では、連続する縦長パネルが1枚ごとに微小回転して、構造フレームの水平変形に追従する。自重はパネル下部の受けプレートで支持する。変形追従性能が高い

横壁アンカー構法

パネルを横使いとし、パネル両端に設置されたアンカーを用いて、本体側の定規アングルに取り付け金物を介して取り付ける構法。階高が比較的大きい建物で用いられやすい

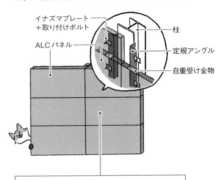

イナズマプレート
＋取り付けボルト
柱
ALCパネル
定規アングル
自重受け金物

各段がスライドして層間変形に追従する。自重は3〜5段ごとに取り付ける自重受け金物で支持する

押出成形セメント板（ECP）の取り付け方

縦張り工法

パネルを構造体の水平変形に対してロッキングにより追従させる工法。パネルの四隅を、Zクリップと呼ばれる取り付け金物で支持部材に取り付ける。取り付け部には縦長のルーズホールが設けられ、上下方向に動けるようにすることで、四隅を押さえながらも、パネル全体が回転できるようになる

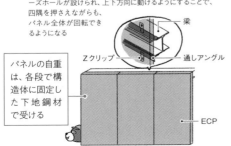

梁
Zクリップ
通しアングル

パネルの自重は、各段で構造体に固定した下地鋼材で受ける

ECP

横張り工法

パネルを横使いとし、構造体の水平変形に対してスライドにより追従させる工法。パネルの留め方は縦張り工法と同様

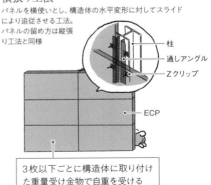

柱
通しアングル
Zクリップ
ECP

3枚以下ごとに構造体に取り付けた重量受け金物で自重を受ける

壁の納まりの注意点

ダイアフラムとのクリアランス

ダイアフラムと外壁とのクリアランスは、納まりが壁芯や面積に影響するので注意が必要である。通しダイアフラム[122頁参照]の柱からの出寸法は、一般に25mm程度。外壁の取り付け位置を決める際、柱や梁の母材だけを見て決定すると、仕口部でクリアランス不足となる可能性があるので注意したい

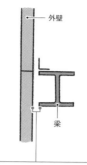

外壁
梁

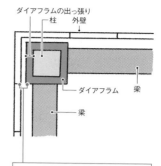

ダイアフラムの出っ張り
柱
外壁
ダイアフラム
梁
梁

クリアランスをクリア！

外壁・梁間のクリアランスを確保。ここだけでなく、同時に仕口部での最低クリアランスも確保されていなければならない

仕口部分では、通しダイアフラムの柱からの出寸法（25mm程度）＋最低クリアランスを確認し、壁と干渉しないかをチェックする

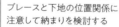

ブレースと下地の位置関係に注意して納まりを検討する

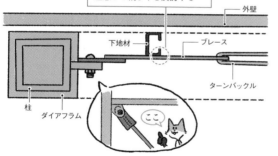

外壁
下地材
ブレース
ターンバックル
柱
ダイアフラム
ここ

ブレースとの干渉

外壁の下地材を構造フレームの内側に設ける場合は、ブレース材と下地材の干渉にも要注意。丸鋼ブレースは母材がフレーム芯に来なかったり、ボルトやターンバックルなどの出っ張りが生じたりするため、実際の納まりをイメージしながら下地配置の検討を行う

パネル配置と開口

外壁パネルと開口位置はなるべく割り方をそろえたい。ALCパネルでは、1枚のパネルに設けられる切り欠きの制限寸法があり、パネル割りを無視して自由に開口を設けられるわけではない。中途半端な開口を設けるくらいなら、パネルに合わせてサッシ寸法を決めるほうが合理的であるといえる

このような割り方は1枚のパネルの切り欠きが大きすぎるのでNG

ALCパネル

開口に合わせてパネル割りを行うのが基本

ALCパネル

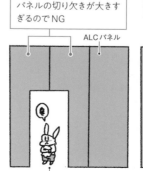

開口部

開口部

強く美しい大開口をつくるには？

外壁に設けられた大きなガラス面は、明るく開放的な空間を生み出します。ただし、大きな開口面は強風を大きな面で受けることになり、十分な耐風対策が不可欠です。ガラス面が大きくなると、ガラス自身では支えきれず、別途ガラスを支持する部材が必要になります。ガラスを支持する部材には、鉄骨系の部材が選択されることが多いです。部材が細くなり、開口面の透明性を確保しやすいのです。ガラスを支持する方法はさまざまですが、上手に設計しないと余計な枠線ばかりが目立ってしまい、せっかくの開放感が損なわれてしまいます。開口面が大きくなるほど、透明性を生かすための工夫が必要です。

ガラスカーテンウォールの支持方式

構造躯体取り付け
構造体の柱や梁に直接取り付けてガラスを支持する方法

方立方式（マリオン）
鉛直方向に方立材（マリオン）を設けてガラスを支持する方法

無目通し方式（トランザム）
水平方向に無目材を設けてガラスを支持する方法

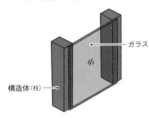
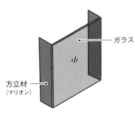

方立・無目材の種類

フラットバー(FB)
平鋼（フラットバー）の支持材。見付けが細く、加工も容易

リブガラス
支持材にもガラスを用いたタイプ。全体の透明性に優れる

テンション構造
ケーブルやロッド材といった極めて細い材で構成される。引張り材には初期張力が与えられる

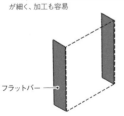
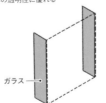
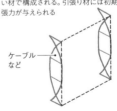

ラチス材
小さなトラスを組んで支持材を構成するタイプ

フィーレンディール
小さな柱と梁をはしご状に組んで構成するタイプ

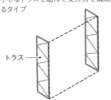
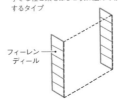

ガラスの支持方法

DPG構法
ガラスにあけた孔に金物を挿入して支持する構法

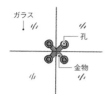

ガラス
孔
金物

MPG構法
ガラスの端部を金物で挟んで支持する構法

ガラス
金物

PFG構法
細長い金物でガラス端部を挟んで支持する構法

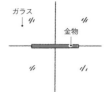

ガラス
金物

接着構法
ガラスと支持材を構造シールで接着する構法

方立
ガラス
構造シール接着面

押縁止め
細長い金物材でガラス端部を表側から押さえる構法

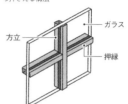

方立
ガラス
押縁

大開口の設計ポイント

支持材の見え方に注意
支持材は二次部材として、主構造から分離させると細くなり、ガラスの透明感を生かしやすい。見付けだけでなく、部材のせいやピッチとのバランスも考慮し、斜めから見た角度なども確認しておきたい

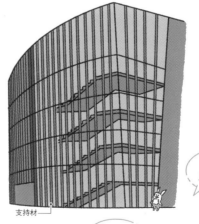

支持材

すっきり見せたい！

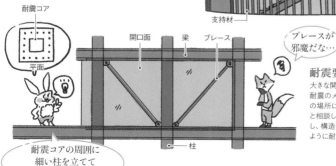

耐震コア
平面

開口面　梁　ブレース

ブレースが邪魔だな…

耐震要素の配置にも注意
大きな開口面の開放性を確保するため、耐震のメインフレームは開口面とは別の場所に設ける考え方もある。プランと相談しながら全体のバランスを考慮し、構造要素の少ない大開口面を補うように耐震要素をうまく配置したい

耐震コアの周囲に細い柱を立てて全開放するのはどう？

柱

スキップフロアは力の流れを意識しよう

「スキップフロア」とは、1つの層に高さの違う複数のフロアを設ける方法です。斜面地や斜線制限地などでは、この高さの違いをうまく使うことで、スペースを有効活用できることもあります。同一階で上下に連続する段差フロアは、空間に変化を与える意匠的な効果もあります。ただし、構造的にはスキップフロアによって発生する段差や吹抜けにより、計算条件が不明快になりやすいので、力の流れに注意して計画しましょう。

スキップフロアのつくり方

スキップフロアは、同一階でのフロアの高さの違いにより、空間が自然に区切られるのと同時に、上下階の関係性にも変化をもたらす。フロアをどのようにつないで目的に合う空間構成とするのかを明確にすることが、効果的なスキップフロアを設計する鍵となる

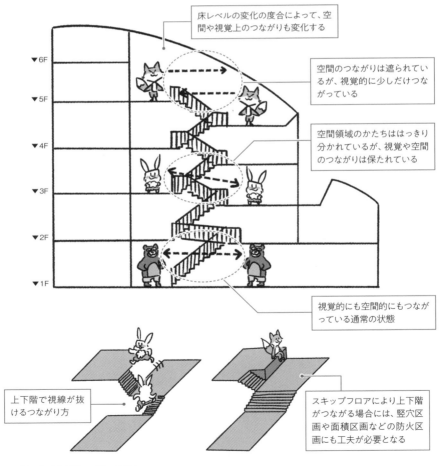

床レベルの変化の度合によって、空間や視覚上のつながりも変化する

空間のつながりは遮られているが、視覚的に少しだけつながっている

空間領域のかたちははっきり分かれているが、視覚や空間のつながりは保たれている

視覚的にも空間的にもつながっている通常の状態

上下階で視線が抜けるつながり方

スキップフロアにより上下階がつながる場合には、竪穴区画や面積区画などの防火区画にも工夫が必要となる

力の流れはなるべく明快に

地震力は床を伝って耐震要素へと流れる。スキップフロアの場合、平面の一部にしか床がない計画となりやすく、フロア全体で水平剛性を確保する一般的な建物の前提条件が成り立たないケースも多い。段差部での力の流れがわかりやすく、かつ力がきちんと伝達できるような床とフレームの組み立てを考えたい

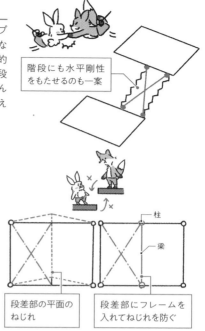

階段にも水平剛性をもたせるのも一案

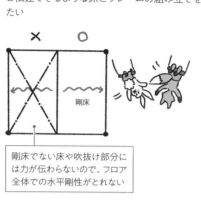

剛床でない床や吹抜け部分には力が伝わらないので、フロア全体での水平剛性がとれない

段差部の平面のねじれ

段差部にフレームを入れてねじれを防ぐ

同じ層・別の層、どちらに設定する?

スキップフロアの構造計算では、「階」の設定に頭を悩ませることが多い。階の設定によって計算上の地震力は変わる。別の階として考えるか、段差が小さければ同じ階として扱うか、状況に応じて判断する。段差部に柱を設ける場合は、柱が短ければ短いほど力が集中しやすいので、局部的に大きな力に注意する

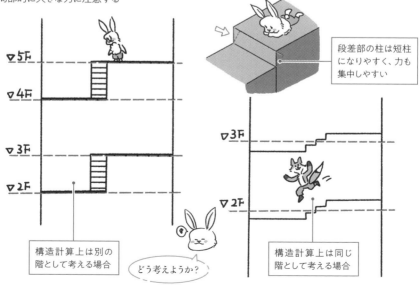

段差部の柱は短柱になりやすく、力も集中しやすい

構造計算上は別の階として考える場合

どう考えようか?

構造計算上は同じ階として考える場合

鉄骨階段のつくり方

鉄骨階段は、鉄の加工の自在性を生かしやすく、製作自由度が高い部材で、支え方や桁の形状などによりさまざまなタイプの階段が存在します。また、露しとなる機会も多く、見せ場の1つにもなりやすいです。細い材を組み立てた繊細な意匠や、踏板にガラスやグレーチングなどを使用した透明感のある階段とすることも可能です。ただし、華奢で繊細なデザインほど歩行時に揺れやすい階段となるため、設計には注意が必要です。

鉄骨階段の架構タイプ

側桁タイプ
階段側面に通したささら桁で段部を支える、最も一般的なタイプ

踏板
側桁

力桁タイプ
桁を段部の下側に通したタイプ。大きな桁材が必要な大階段にもよく採用される

踏板
力桁

片持ちタイプ
段部を壁からの片持ちで支える。薄い板だけが浮いているような表現も可能である。壁との接合部は固定となり、施工性を含めたディテールの工夫が必要となる

踏板
壁

螺旋タイプ
省スペースな階段で、意匠性も高い。中央の一本柱から段部を片持ちで支える形式が一般的

柱
踏板

折板タイプ
段板と蹴込板のみで階段全体を構成したタイプ。階段全体がジグザグ形状となる。板材はハニカム板にするなどの構造上の工夫が必要となる

折板

桁のタイプ

プレートタイプ
プレート（板）材を桁に使用する一般的なタイプ。まっすぐ通すのが通常だが、ジグザグ状の意匠とする場合もある

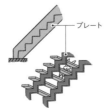

プレート

形鋼タイプ
比較的スパンの大きい階段の桁材に採用される。断面性能が高いため、プレートよりささらのせいを小さくできる

形鋼

トラスタイプ
丸鋼などの細い材でトラスを組んで桁を構成するタイプ。階段全体の透明性に優れる

トラス

自在性を生かした鉄骨階段のかたち

廻り階段

3次元的な形状は、鉄骨の得意とするところ。滑らかに連続する廻り階段は意匠性も高い

オーバル階段

通常はつくりにくい楕円の立体形状も、鉄骨では製作が可能となる。プレートの組み合わせで自由度の高い形態をつくることができる

ささら一筆書き階段

通常の折り返し階段では平面中央に昇りと降りの2本の内ささらが必要だが、それらをまとめて一筆書きのように溶接でつなげることも可能。ささら間の隙間がなくなり、スペースの節約にもなる

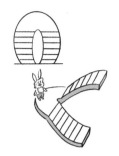

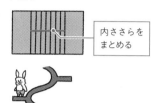

内ささらをまとめる

美しい階段にするひと工夫

線を細くする

スパンを小さくする、階段を吊る、断面性能を上げるなど、構造的な工夫で階段全体の線を細くし、鉄骨階段の軽やかさを強調する

柱を抜く

折り返し階段の立面的なトラス形状を利用すれば、中間支持の柱を省略することも可能。同時に階段の基礎も省略できる

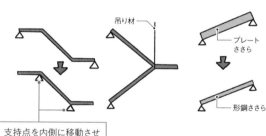

吊り材

プレートささら

形鋼ささら

支持点を内側に移動させてスパンを小さくする

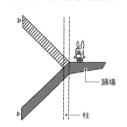

踊場

柱

用途に応じて揺れ対策を

振れ止めを設ける

周辺の構造体にロッドやボルトで控えをとることで、歩行時の不快な振動を防止する

段板にひと手間

蹴込板を省略するタイプの階段では、横揺れが発生しやすい。段板に立上りを設けたり、蹴込プレートを設けたりすることで水平剛性がアップする

水平方向に強い桁材を使う

水平方向にも剛性のある形鋼を桁材に用いることは、横揺れ防止に有効である

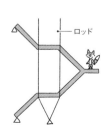

ロッド

立上り

蹴込プレート

プレート

形鋼

鉄骨階段の納まり

階段と周辺部材との接合は、基本的にボルトによって行われます。構造躯体である柱や梁に直接取り付ける場合もあれば、階段用にポスト柱や受け梁を設けて取り付ける場合もあります。納まりを考える際は、周辺部材との取り合いに気をつけましょう。

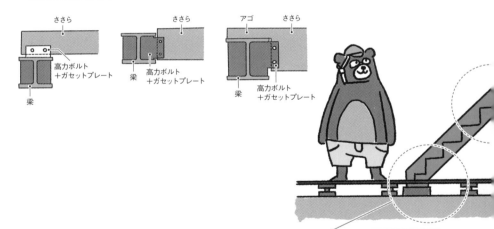

梁との接合

ガセットプレートを介してボルトで接合するのが一般的。床の仕上げレベルとの関係で梁とささらの高さ関係が決まるので、計画に応じて納まりを考える。梁の側面にささらを取り付ける場合、クレーンで階段全体を吊り上げた状態でボルトの取り付けを行うため、先端にアゴを設けるなどして、梁の上に仮置きできる納まりとすると施工性がよい。RCスラブではスラブにアンカーする方法もあるが、建方時点で鉄骨階段が固定されないため、施工動線確保の観点から、ささらは鉄骨部材に取り付けるほうがよい

ささら

高力ボルト
+ガセットプレート

梁

ささら

梁

高力ボルト
+ガセットプレート

アゴ　　ささら

梁

高力ボルト
+ガセットプレート

1階足元はRCとの取り合いに注意

最下層のささらはベースプレートを介し、アンカーボルトによってRC躯体に接合される。アンカーボルトはコンクリート打設前に設置するため、精度よく固定しておく

アンカーボルトを締め付けるナットはダブルナットとするなど、緩み止めの対策を行う

接合部はボルトの頭が出っ張るため、床仕上げとの関係をきちんと確認する。この際、施工誤差による不陸を考慮し、余裕のある高さ寸法を確保することが望ましい

ささら

▼仕上げ

ベースプレート

ベースモルタル　アンカーボルト

コンクリート

折り返しの納まり

折り返し点のささら形状は、段の配置によって変わる。踊場からの昇り段と降り段を平面的に1段ずらす配置とすれば、ささらの折れ点の形状が自然なかたちとなり、手摺りの折り返しもきれいに納まるので理想的である。スペースに余裕があれば、段をずらす配置が望ましい

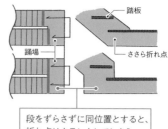

踏板

踊場

ささら折れ点

段をずらさずに同位置とすると、折れ点はクランクしてしまう

中間踊場の接合方法

中間踊場は、階段用のポスト柱や、片持ちの受け梁で支持する場合が多い。折り返し階段では、折り返し点に柱や梁を設ける場合もあるが、ここでは踊場の先端で支持する場合の例を紹介する

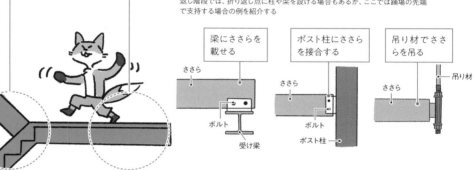

梁にささらを載せる

ささら

ボルト

受け梁

ポスト柱にささらを接合する

ささら

ボルト

ポスト柱

吊り材でささらを吊る

ささら

吊り材

段部の納まり

段部には、一般に4.5〜6mmの薄板プレートが用いられる。仕上げを行う場合は、プレートやモルタル上に任意の仕上げ材が取り付けられる[161頁参照]。ささらへのプレートの固定は溶接が基本。仕上げの種類やささらの形状などにより無数の納まりが存在する

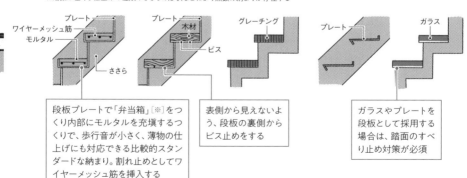

プレート

ワイヤーメッシュ筋

モルタル

ささら

プレート

木材

ビス

グレーチング

プレート

ガラス

段板プレートで「弁当箱」[※]をつくり内部にモルタルを充塡するつくりで、歩行音が小さく、薄物の仕上げにも対応できる比較的スタンダードな納まり。割れ止めとしてワイヤーメッシュ筋を挿入する

表側から見えないよう、段板の裏側からビス止めをする

ガラスやプレートを段板として採用する場合は、踏面のすべり止め対策が必須

※ 弁当箱:モルタルを充塡するためのプレートの箱

露しで構造体を魅せるには？

「露し」とは、部材を露出させる・見える仕上げとする、という意味です。つまり、鉄骨の露しとは、部材を仕上げ材で隠さず、完成後も構造体の鉄骨がそのまま見えてくるようなつくり方を指します。仕上げとして多くの人に見られる構造は、美しくなければなりません。このような設計を行う場合、通常よりも注意深い設計が要求されます。意匠設計者が構造の考えを、また構造設計者が意匠の考えを、互いに理解して設計を行う必要があります。また、少しの妥協で台無しになってしまうこともあるので、接合部や仕上げの納まりに手を抜かないことも大切です。

場合によっては、耐火鋼（FR鋼）使用の可能性を検討してみてもいいかもね！

まずは耐火要件の確認を

そもそも鉄骨の露しが法的に可能かどうか、耐火要件を確認する必要がある。耐火処理が必要な露し部材には、塗膜厚が薄くて済む耐火塗装を選択することが多い。ただし2時間耐火が要求される場合、認定条件によって使用できる部材が大きく制限されるため、メーカーの対応表を確認すること。また、長期荷重を負担する部材は耐火処理が必要となるので、ブレースに長期荷重を負担させる場合にも注意

合理的な架構で魅せる

構造として合理性のある架構には有用の美が表れる。大スパンを効率よく支えたり、スムーズな力の流れを意識したフレームは、その建物の構造的な特徴を表し、印象的な空間を生み出す

大スパンを支える方杖が意匠にもなる

合理的な部材形状で魅せる

必要に応じてテーパー材［※1］やビルド材［※2］を検討してみてもよい。応力が大きいところは太く、小さいところは細く、といった合理的な断面が表現できる。十字材、組み立て梁などを用いた自由な部材形状は、既製部材にはない特徴的な構造をつくり出すことが可能だ

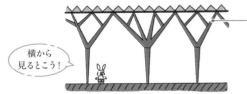

横から見るとこう！

応力が大きいところは太く、小さいところは細く

正面はこう！

※1 テーパー材：断面に傾斜がついて先細りになる部材
※2 ビルド材：鋼板などを自由に組み合わせてつくった部材。組み立て材

各部の納まりにもひと工夫

柱を極限まで細くしたいときは

柱は、無垢材を使用してより細くすることが可能だ。また、同じ幅なら、円形よりも四角や形鋼のほうが陰影がついて細く見えるので、この性質を利用するのも一案である

丸鋼

丸形鋼管

角形鋼管

梁の並べ方を変える

梁を整然と並べるなど、それ自体が仕上げとして生かせるような配置を考えてもよい

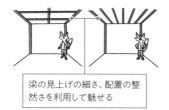

> 梁の見上げの細さ、配置の整然さを利用して魅せる

引張りブレースの接合部を変える

羽子板プレートとボルトを用いる代わりに、フォークエンドのようなピンボルトで接合する金物を使用することで、接合部がコンパクトになる

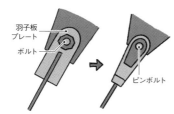

羽子板プレート

ボルト

ピンボルト

仕口の納まりもシンプルに

エンドタブは取り外せるタイプを使用し、ノンスカラップ[123頁参照]を採用する。仮設ピースの除去も怠らない

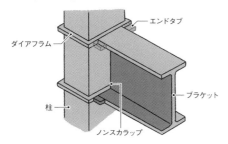

エンドタブ

ダイアフラム

柱

ノンスカラップ

ブラケット

梁の見上げをシャープに

H形鋼をCT形鋼に変更するだけで、見上げはすっきりとシャープな印象に変わる

継手の納まりをシンプルに

スプライスプレートとボルトによる接合を、溶接接合とするとすっきりした印象となる。ウェブのみボルトを締める納まりもある。現場溶接となるため、構造性能や施工性を十分考慮したうえで採用を検討する

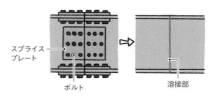

スプライスプレート

ボルト

溶接部

仕上げとの取り合いに注意

中途半端に仕上げからはみ出した納まりは、調整不足が目に見えて表れてしまう。最終的な仕上げまで意識した納まりを考える

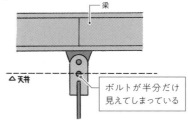

梁

△天井

ボルトが半分だけ見えてしまっている

裏当ての処理方法も検討

裏当てを取り外せるタイプとするなど、裏当ての処理の仕方も検討しておきたい

溶接部

裏当て

R形状を有効活用するには？

やわらかな印象となるR（アール）のかたちは、角張った構造よりも力の流れがスムーズになり、構造的に有利となることもあります。屋根に使用すればアーチ構造となり、フラットな屋根よりも効率よく大きなスパンを飛ばすことができます。しかし、使い方によっては、R形状とすることで逆に不利になることもあります。構造体を曲げる場合には、まっすぐの部材には起こらないような現象や力が発生するため、これをきちんと把握して設計を行う必要があります。

構造に有利な
Rのかたち

アーチは、力が軸力系で流れるので構造的に有利なかたちである。細い材で大スパンが可能になるが、横方向の力（スラスト）をきちんと抑えることが重要だ

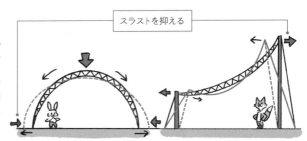

Rの斜材の生かし方

まっすぐの斜材では頭がぶつかるようなところも、R形状にすることで避けることができる

斜材 広々！ イテッ

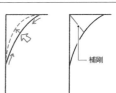

補剛

Rの斜材には軸力によって折れ曲がろうとする力が働くので、必要に応じて補剛を設けるなどの対応を行う

平面Rは要注意

平面Rは鉛直方向に安定しにくく、梁が転んでしまう可能性がある。スパンが大きい場合には、転び止めとして直交梁を設ける、ポスト柱や吊り材で梁の中間を抑える、などの対応が必要となる

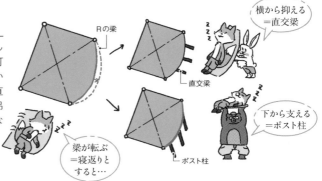

Rの梁　横から抑える＝直交梁

直交梁

梁が転ぶ＝寝返りとすると…

下から支える＝ポスト柱

ポスト柱

地下の設計で確認すべきことは？

鉄骨造の場合でも、地下構造は基本的にRC造となります。そのため、RCと鉄骨の接続部分の納まりを考えながら、地下の計画を行っていきます。地下には設備配管も多く配置されるため、構造と設備の調整も重要です。また、地下の工事はコストがかかるため、なるべく経済的な計画も考える必要があります。

意匠・設備と構造の納まりの確認を

エレベーターピットと基礎柱の干渉

エレベーター内の有効寸法は基礎のピット部分での検討が必要。基礎のRC柱は地上階の鉄骨柱よりも大きく出っ張ることが多い

RC柱の出っ張りとの干渉に注意

壁際の配管と柱の干渉

パイプスペース（PS）は壁際に設けられることが多いため、1階床レベルにおいて基礎躯体と平面的に干渉しやすい

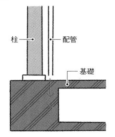

柱　　配管　　基礎

基礎フーチング上の作業スペース

基礎フーチングと1階スラブの間に隙間を設けて配管スペースとする場合、あまり狭いと配管作業や点検作業ができない

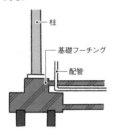

柱　　基礎フーチング　　配管

隣地との関係

隣地と建物の離隔を設定する場合も、基礎のRC柱の出っ張りを見落としがち。最も条件が厳しい部分がどこなのかを注意深く見破る

隣地境界線　　基礎　　RC柱

山留スペースの確保など

床の仕上げとの関係

露出型柱脚では柱脚部分が1階床下に隠れるように納めるのが一般的。床の仕上げしろに納めるのか、基礎を下げる必要があるのか、最初に確認を行い柱脚のレベルを設定する

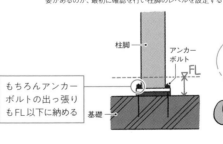

柱脚　　アンカーボルト　　FL

もちろんアンカーボルトの出っ張りもFL以下に納める

基礎

事前に把握しないと対応しきれないね

地下の工事はお金がかかる！

土工事には掘削・山留・残土処分・止水処理などのさまざまな工事が発生し、掘削面が深くなるほど、コストはどんどん高くなる。可能な範囲でなるべく浅く、また深く掘る範囲をなるべく狭く、敷地中央へ寄せるように計画できると経済的な土工事となりやすい。加えて、地中障害や土壌汚染などがないか、事前の調査も必要となる。特に既存杭の問題は増加傾向にあり、障害となる杭を抜くか、避けて計画するのかといった対応を考える必要がある。柱の配置や地下計画に大きな影響をおよぼすため、既存図面や事前調査を怠ることなくしっかり確認したい

意匠と構造の打ち合わせはどう進める？

意匠設計者と構造設計者の打ち合わせでは、まず設計条件を整理したうえで、プロジェクトの全体スケジュールや予算などの情報を共有します。次に、目指すべき空間のイメージを共有し、そのイメージを具現化する方法をお互いの専門分野のみに捉われずに発想・提案し合いながら、構造計画の方針を定めていきます。そしてポイントとなるルールや目的に合致したディテールを詰めていき、意匠設計者と構造設計者の協働から生まれる最適解を導き出します。

空間イメージを共有する

スケッチやコンセプト模型などを用いて、空間のあり方について議論を重ね、お互いにイメージする空間をすり合わせる。これを繰り返し、あるべき空間の姿となる構造計画の勘どころを共有する

ポイントとなる
ルールを定める

たとえば「柱の径はできるだけ細く、断面はすべて同じで、露出するブレースは設けない」など、空間のイメージを決定づける要素に対して具体的なルールを定める。こうすると、お互いにそのルールをもとに新しい発想が生まれてくることもある

ディテール詰めも重要

露しで仕上げる構造材の接合部などのディテールは、特に入念な検討をしたいところ。構造的な機能を満たしつつ空間のイメージに沿うような見え掛かりを検討し、ディテールを決定していく

第3章 鉄骨造の構造の基本

鉄骨造の構造設計では、まず鉄骨特有の現象や性質を理解することが大切です。座屈や境界条件・接合条件などは、鉄骨造を設計するうえではもちろん、安全に施工するうえでも必要となる考え方です。また、接合部の納まりも重要です。部材は規格で決まっているため、うまく接合できない部材は、計算上では問題なくても採用できません。幅広い知識のもと、安全かつ合理的な構造計画を目指しましょう。

鉄骨造の柱の特性を理解しよう

柱は建物の骨組みを構成する要素の1つで、鉛直方向に配置される部材です。柱は大きく「柱」と「ポスト柱」に分類されます。柱は床や屋根の荷重を支えるほか、梁やブレースと接続して骨組みを形成し、地震や風などの外力に抵抗します。ポスト柱は、主に床や屋根の荷重のみを支えます。柱には、一般的に角形鋼管・鋼管・H形鋼が用いられます。

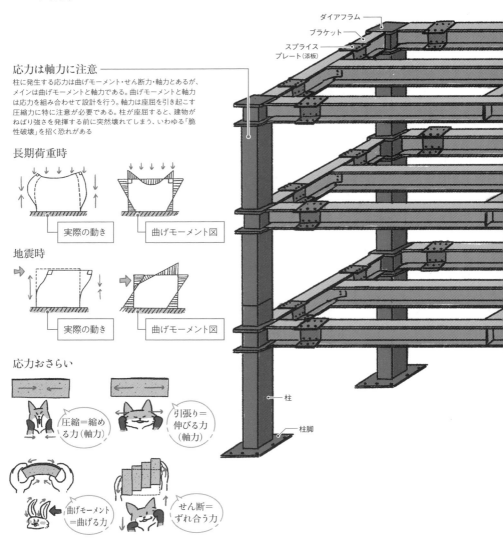

応力は軸力に注意

柱に発生する応力は曲げモーメント・せん断力・軸力とあるが、メインは曲げモーメントと軸力である。曲げモーメントと軸力は応力を組み合わせて設計を行う。軸力は座屈を引き起こす圧縮力に特に注意が必要である。柱が座屈すると、建物がねばり強さを発揮する前に突然壊れてしまう、いわゆる「脆性破壊」を招く恐れがある

ダイアフラム
ブラケット
スプライス
プレート(添板)

柱
柱脚

長期荷重時

実際の動き　曲げモーメント図

地震時

実際の動き　曲げモーメント図

応力おさらい

圧縮＝縮める力（軸力）

引張り＝伸びる力（軸力）

曲げモーメント＝曲げる力

せん断＝ずれ合う力

柱は座屈に
注意だね

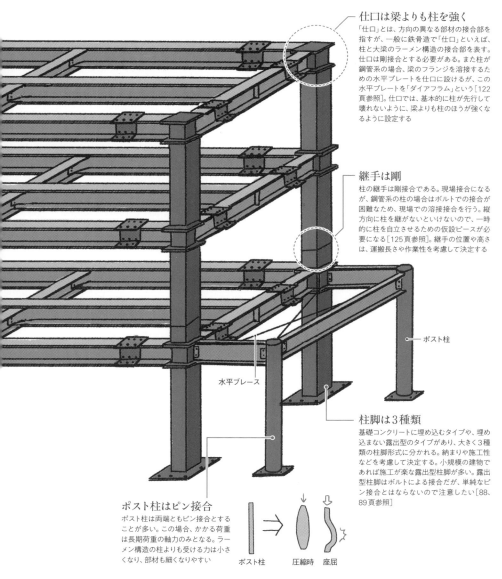

仕口は梁よりも柱を強く

「仕口」とは、方向の異なる部材の接合部を指すが、一般に鉄骨造で「仕口」といえば、柱と大梁のラーメン構造の接合部を表す。仕口は剛接合とする必要がある。また柱が鋼管系の場合、梁のフランジを溶接するための水平プレートを仕口に設けるが、この水平プレートを「ダイアフラム」という[122頁参照]。仕口では、基本的に柱が先行して壊れないように、梁よりも柱のほうが強くなるように設定する

継手は剛

柱の継手は剛接合である。現場接合になるが、鋼管系の柱の場合はボルトでの接合が困難なため、現場での溶接接合を行う。縦方向に柱を継がないといけないので、一時的に柱を自立させるための仮設ピースが必要になる[125頁参照]。継手の位置や高さは、運搬長さや作業性を考慮して決定する

ポスト柱

水平ブレース

柱脚は3種類

基礎コンクリートに埋め込むタイプや、埋め込まない露出型のタイプがあり、大きく3種類の柱脚形式に分かれる。納まりや施工性などを考慮して決定する。小規模の建物であれば施工が楽な露出型柱脚が多い。露出型柱脚はボルトによる接合だが、単純なピン接合とはならないので注意したい[88、89頁参照]

ポスト柱はピン接合

ポスト柱は両端ともピン接合とすることが多い。この場合、かかる荷重は長期荷重の軸力のみとなる。ラーメン構造の柱よりも受ける力は小さくなり、部材も細くなりやすい

ポスト柱　　圧縮時　　座屈

鉄骨造の梁の特性を理解しよう

梁は建物の骨組みを構成する要素の1つで、主に水平に配置される部材です。梁は大きく「大梁」と「小梁」に分類され、大梁は床や屋根の荷重を支えるほか、柱やブレースと接続して骨組みを形成し、地震や風などの外力に抵抗します。小梁は主に床や屋根の長期荷重のみを支えます。通常、梁には細幅のH形鋼が用いられ、強軸方向に力を負担するよう配置されます。

接合条件の確認

接合方法には剛接合とピン接合がある［82頁参照］。大梁の接合条件は剛、小梁はピンとなる。接合条件で応力や変形量は変化するため、接合部は設計で想定した条件となるようなディテールとすること

仕口は剛接合かピン接合か？

ラーメン構造の梁と柱の仕口は剛接合となる。H形鋼のフランジを柱に溶接することで曲げモーメントを伝達できるようになり、柱と梁が剛として一体化される。一方、大梁と小梁の仕口はピン接合となり、ボルトによる接合が行われる

継手は剛接合

長さ方向の接合である継手は、剛接合となる。継手は現場での接合になるため、施工性を考慮したディテールを考える。一般には手間が少ない高力ボルト接合が多い。継手の位置は、応力の小さい位置や運搬方法を考慮した位置を検討し、決定する

強軸と弱軸

H形鋼のように断面の上下と左右で形状が異なる部材には、断面性能の強い向きと弱い向きができる。強いほうを「強軸」、弱いほうを「弱軸」と呼ぶ。H形鋼の場合は「H」を横向きにしたほうが鉛直方向に対し強軸となるので、梁はこの向きで配置する

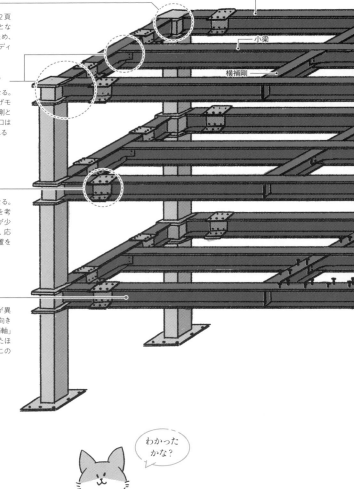

大梁
小梁
横補剛

強軸　弱軸

わかったかな？

応力は曲げモーメントがメイン

梁に発生する応力は、曲げモーメント・せん断力・軸力とあるが、メインは曲げモーメントである。H形鋼では、フランジが曲げモーメントを、ウェブがせん断力を主に伝達する

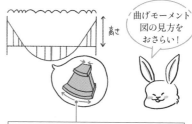

曲げモーメント図の見方をおさらい！

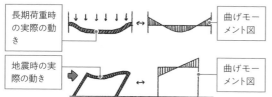

| 長期荷重時の実際の動き | → | 曲げモーメント図 |

| 地震時の実際の動き | → | 曲げモーメント図 |

横軸の上側にあるときは部材の上端が引っ張られ、下側にあるときは下側に引っ張られるように曲げられている。縦軸の高さ＝曲げモーメントの力の大きさを示す

変形は1/250以下に抑える

梁に鉛直荷重がかかると変形し、スパンの中央付近が最もたわむ。たわみ量はスパンの1/250以下に抑える必要がある。たわみが過大になると床が傾き、建物の使用に支障が出たり、歩行時に振動が起きやすくなったりする

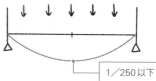

1/250以下

横座屈

強軸方向に曲げられる梁は、ねじれ回転を起こしながら弱軸方向に座屈することがある。これを「横座屈」という。横座屈を防止するには、梁を水平方向に抑える横補剛が有効である。箱型断面や鋼管などの対称断面部材では横座屈は起こらない

頭付きスタッド

局部座屈

局部座屈とは、部材全体ではなく、部材のある一部分が局部的に座屈することをいう。板材の厚さが相対的に薄いと起こりやすくなる。板材の厚さの目安となる「幅厚比」（幅／厚み）が小さい部材を選択することで、局部座屈の発生を防止する

合成梁

床がRC造の場合、床と鉄骨梁を一体の梁とみなせる場合がある。これが「合成梁」で、鉄骨単独よりも断面性能がアップする。梁の上に設けた頭付きスタッドが鉄筋コンクリートに対する引っ掛かりとなり、RCスラブと鉄骨梁が一体化される[97頁参照]

床スラブ　頭付きスタッド

梁

ピン接合・剛接合とは？

接合には「ピン接合」と「剛接合」の大きく2つの接合条件があります。ピン接合とは自由に回転できる接合で、剛接合は回転が拘束された接合です。これらの接合条件の考え方は、構造計算上とても重要です。接合条件によって、応力や変形挙動、座屈を考える際の座屈長さなどが大きく変わるためです。接合部のディテールも、設定した接合条件を満たすような納まりとする必要があります。

剛接合＝回転しない

回転が拘束された接合で、柱と梁の接合部など部材どうしを強固に一体化させる部分で使用される。ピン接合との大きな違いは、曲げモーメントが伝達できるかどうかである

がっちり

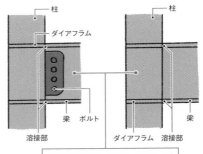

柱

ダイアフラム

梁　ボルト

溶接部

柱

ダイアフラム　溶接部

梁

H形鋼の場合、フランジとウェブを接合することで剛接合となる

ピン接合＝回転する

回転が自由な接合で、ボルトとプレートを用いた納まりが一般的である。曲げモーメントは伝達できないが、せん断力や軸力は伝達できる

指1本だけ

柱　ボルト

プレート　ボルト

鋼管

梁

梁

ピンボルト

プレート

H形鋼の場合は、フランジを接合せずにウェブのみをボルト接合する

溶接＝剛接合とは限らない

剛接合とは、曲げモーメントを伝達できる接合である。溶接で接合しても、曲げモーメントを伝達できる機構になっていなければ構造上はピン接合の扱いとなってしまうので注意したい

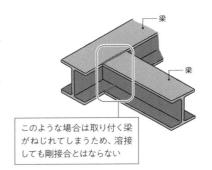

梁

梁

このような場合は取り付く梁がねじれてしまうため、溶接しても剛接合とはならない

座屈を正しく理解しよう

「座屈」とは、圧縮力を受ける細長い部材が、ある一定の力を超えた際に突然横方向に大きくはらみ、折れるように変形する現象です。鉄骨は、コンクリートや木と比較して材料としての強度が高く、必要な部材の断面積が小さくて済みます。断面積を小さくするために、鉄骨は板材を組み合わせたような断面形状となり、細いながらも効率のいい断面となる反面、この「細さ」が原因で生じる現象が座屈です。座屈が生じると急激な耐力低下を起こし、危険な壊れ方をします。なるべく座屈を起こさず、鉄の長所である「ねばり強さ」を生かした設計とするために、座屈を正しく理解することが重要です。

座屈の基本

座屈耐力は細長さ・プロポーション(=細長比)によって決まってくる。基本的には鉄骨の強度に影響されないため、部材強度が高くても座屈耐力は上がらない[※]

$$\text{基本式：オイラー座屈式} = \frac{\pi^2 \times (E\text{=ヤング係数}) \times (I\text{=断面二次モーメント})}{(\ell k\text{=座屈長さ})^2}$$

座屈長さ(ℓk)とは

「座屈長さ」とは、部材の境界条件によって決まる座屈計算用の長さである。境界条件がピン─ピンならℓ、固定(剛)─固定(剛)なら$\ell/2$、のように求められる。座屈長さによって座屈の耐力は大きく変わるので、適切な長さを設定する

境界条件による座屈長さの違い

支持条件	水平移動：拘束			水平移動：自由	
座屈形状	固定(剛)─固定(剛)	ピン─固定(剛)	ピン─ピン	固定(剛)─固定(剛)	ピン─固定(剛)
ℓ					
座屈長さℓk	0.5ℓ	0.7ℓ	ℓ	ℓ	2ℓ

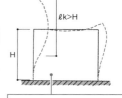

座屈長さ(ℓk)≦階高になると思いがちだが、純ラーメン構造ではフレームが軟らかく、階高よりも座屈長さが大きくなることもあるので注意

細長比(ℓk/i)とは

細長比とは、「部材の細長さ=座屈の起こしやすさ」を表す。設計実務でよく用いられる指標で、細長比が大きくなるほど、座屈しやすくなる。座屈長さ／断面二次半径($\ell k/i$)で求める。断面二次半径(i)は、座屈しやすさを表す断面の値である

柱の細長比は200以下とすべし！

※ ただし、座屈を考慮した許容応力度は、細長比によっては部材強度の影響を受ける

建物にかかる荷重と計算方法は？

建物に作用する荷重は、荷重が作用する継続時間から、主に「長期荷重」と「短期荷重」に分類されます。長期荷重は「常時荷重」とも呼ばれ、自重のように常に建物に作用します。短期荷重は、地震や風など短期的・一時的に作用する荷重を表します。荷重の設定は、すべての構造計算の始まりにあたります。適切で安全な荷重の設定を心掛けましょう。

長期荷重と短期荷重

積雪荷重が長期か短期どちらに分類されるかはエリアによって決められている。多雪区域では、積雪量が多く雪自体の重量も一般区域の1.5倍以上にもなる

固定荷重と積載荷重を合計した数値が長期荷重となる。固定荷重(Dead Load)は部材の自重や仕上げなどの重量、積載荷重(Live Load)は人や家具などの重量が対象となる

短期荷重の地震荷重は建物重量をベースに算定され、1階の地震力は建物重量×0.2を基本とする。地震力の大きさは、高さ・形状・地域・地盤にも影響される

柱

外装材

天井　梁　床

短期荷重である風荷重は、建物の立面が大きいほど大きくなり、地域や高さも影響する

許容応力度計算の方法

許容応力度計算は、長期荷重と短期荷重の2段構成で行われ、ともに発生する応力が部材の許容応力度以下となることを確認する。短期の計算は「一次設計」とも呼ばれ、長期の応力と地震や風による応力を組み合わせて計算する。地震時の短期の計算では、まれに発生する中小レベルの地震に対して部材が損傷しないことを確認する

保有水平耐力計算の方法

「保有水平耐力計算」は「二次設計」とも呼ばれ、ごくまれに発生する巨大地震に対して、部材がある程度壊れることを許容しつつ、建物が倒壊しないことを確認する。建物が倒壊する直前の荷重(Qu)を計算で求め、大地震時の地震力(Qun)と比較する。Qu/Qunを「保有耐力比」と呼び、これが1.0以上になることを確認する

建物のバランスを示す偏心率と剛性率

架構の計画においては、建物の安全性確保の観点から、平面的にも立面的にもバランスのよい構造が望まれます。バランスのよさを表す代表的な指標が「偏心率」と「剛性率」です。これを確認することによって、一定程度の架構バランスを確保することができます。

偏心率とは？

平面的なバランスの指標。重さの中心である重心と、架構の硬さの中心である剛心の差から求める。重心と剛心の距離が大きいほど偏心が大きく、平面がねじれやすい建物となる

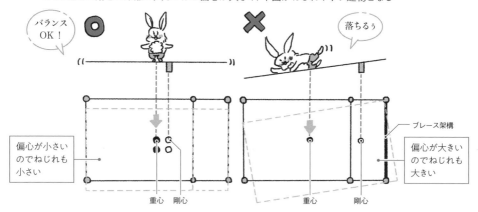

バランス
OK！

落ちるぅ

ブレース架構

偏心が小さい
のでねじれも
小さい

偏心が大きい
のでねじれも
大きい

重心　剛心

重心　剛心

剛性率とは？

立面的なバランスの指標。各層の相対的な硬さから算定し、極端に軟らかい層があると、その層の剛性率が下がってしまう。阪神淡路大震災など過去の大地震では、剛性率の低いピロティ層がつぶれる被害が見られた

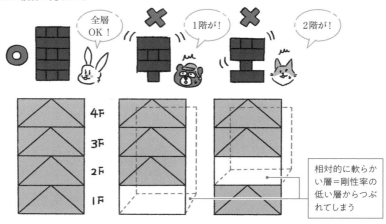

全層
OK！

1階が！

2階が！

4F

3F

2F

1F

相対的に軟らか
い層＝剛性率の
低い層からつぶ
れてしまう

水平剛性はフロアの一体感を示す

建物を構成する複数の構造フレームは、床版などの硬い水平構面により連結され、フロア全体として一体化されます。個々のフレームがばらばらに動いてしまっては、地震などの外力に対してうまく抵抗できません。複数のフレームが一致団結し、全体で抵抗することで、耐震性の高い構造となります。

剛床仮定は
チームプレー！

床面が一枚板のようになり、これに接続する各フレームは一体で挙動できるとする仮定を「剛床仮定」という。構造計算の前提となる考え方となる。大きな吹抜けに面するフレームは、剛床が成立せず、一体で挙動できない場合があるので注意

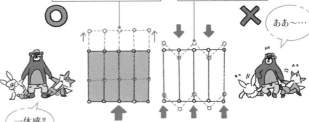

剛床が成立すると全体のフレームが一体的に挙動するため、外力にもうまく抵抗できる

剛床がないと、各フレームがばらばらに動き、うまく外力に抵抗できない

ああ〜…

一体感!!

RCスラブは
接合が肝

剛床とするためのスラブと梁の接合は、頭付きスタッドにより梁とRCスラブを一体化させる方法や、合成スラブの場合はデッキプレートを焼き抜き栓溶接する方法がある［97頁参照］

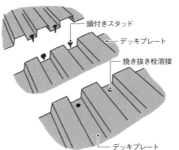

頭付きスタッド
デッキプレート
焼き抜き栓溶接
デッキプレート

がっちり固定

頭付きスタッド
梁
スラブ
デッキプレート

乾式床には
ブレースを

ALCパネル、PCa版などの乾式床の場合は、床材自身では剛床とならないので、水平ブレースを設けて平面を固めることになる

下で支えるよ！

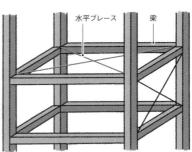

水平ブレース
梁

基礎の種類

建物の基礎は、地盤に安全に支持させることが義務づけられています。支持する地盤が弱いと、建物が傾いたり、壁がひび割れたりしてしまいます。まずは地盤調査［47頁参照］を行い、良質な地盤の深さや、そこに至る地盤の構成を確認しましょう。基礎の種類は、大きく「直接基礎」と「杭基礎」に分類できます。強い地盤が地中浅くにあれば直接基礎、深い場合には杭基礎が基本的には選択されます。

基礎の選定方法

建物の荷重、支持層の深さ、液状化の有無、敷地条件、近隣との関係などをもとに基礎を選定する

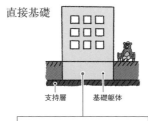

直接基礎

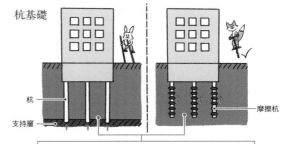

杭基礎

直接基礎は、建物の荷重をフーチングやスラブなどの基礎躯体から直接地盤へ伝える

杭基礎は、建物の荷重を杭によって伝える。杭の先端で支える支持杭と、杭周囲の摩擦力によって支える摩擦杭、またこれらを併用した杭がある

直接基礎の種類

ベタ基礎

地中梁 / 基礎スラブ（耐圧版） / 捨てコンクリート / 砕石

柱からの荷重を基礎スラブ（耐圧版）全体で支える。荷重を平面全体の「面」で地盤へ伝える

布基礎

捨てコンクリート / 地中梁 / 布基礎フーチング / 砕石

柱からの荷重を連続するフーチングで支える。連続フーチング基礎ともいう。荷重を連続する地中梁直下の「線」で地盤へ伝える

独立基礎

柱 / 独立フーチング / 捨てコンクリート / 砕石

柱からの荷重を独立フーチングで支える。荷重を柱直下の「点」で地盤へ伝える

杭基礎の種類

場所打ちコンクリート杭

現場で造成される鉄筋コンクリートの杭。支持力を高めるため、支持層付近の径を大きくした杭を拡底杭という

鉄筋 / コンクリート

既製コンクリート杭

工場で製造されるコンクリート杭。地盤と摩擦を大きくするための「節」が付いたタイプや、補強のためのプレストレスが導入されたタイプ、鋼管が巻かれたタイプもある

節 / コンクリート

鋼管杭

鋼管を用いた杭。杭先端の支持力確保のための羽根がスクリューの役割も果たし、回転圧入によって容易に施工できるタイプが一般的

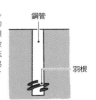

鋼管 / 羽根

柱脚の接合方法

鉄骨造において「柱脚」といえば、一般に最下層の鉄骨柱とRC基礎の接合部を指します。柱脚の形式はRC基礎との取り合い方によって大きく3つの種類に分かれます。鉄骨とRCの異種構造がつながる部分であり、構造的にも重要な箇所であるため、きちんと力が伝達できるように設計する必要があります。また、柱脚部は平面的に広がる形状となるため、各部の納まりにも気を配りましょう。

露出型柱脚

RC基礎の天端に柱脚部が露出する柱脚形式。鉄骨柱の最下端に取り付けたベースプレートを介して、アンカーボルトで基礎に固定する。任意のベースプレートやアンカーボルトで構成する在来工法に対し、最近では性能が明確化された既製品の露出型柱脚が多く採用されている

柱

ベースプレート
ベースモルタル

基礎コンクリート

地に足を着ける！

露出型柱脚の力の伝わり方

力の伝達は基本的にベースプレートとアンカーボルトによって行われるが、せん断力の伝達ではベースプレート下面の摩擦力が考慮される場合もある。柱脚被害の多かった阪神淡路大震災以降は設計方法が見直され、ピン接合としてではなく、固定度を考慮した設計が必要となった

ベースプレート
リブプレート
柱
アンカーボルト

柱脚性能は特にアンカーボルト性能の影響が大きく、伸び能力［※］のある建築構造用アンカーボルトの採用が望ましい

露出型柱脚の納まり

RC基礎と鉄骨柱が直接取り合わないため、構造的な納まりは比較的よい。しかし、柱脚直下にRCの柱型を設ける場合は、平面的な出っ張りが大きくなるため、外周部やエレベーター廻りなどは、意匠や設備との取り合いに注意が必要となる

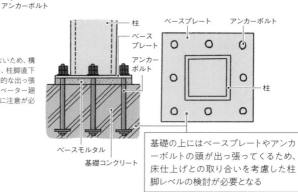

柱
ベースプレート
アンカーボルト

ベースプレート
アンカーボルト
柱

ベースモルタル
基礎コンクリート

基礎の上にはベースプレートやアンカーボルトの頭が出っ張ってくるため、床仕上げとの取り合いを考慮した柱脚レベルの検討が必要となる

※ 伸び能力：降伏してから破断するまでに一定程度の強度的な余裕があること

埋込型柱脚

RC基礎に柱脚部が埋め込まれた柱脚形式。
水平方向の力は、埋め込まれた鉄骨柱とコ
ンクリート接触面の支圧により伝える。固
定度が高く、剛接合として扱われる。柱脚
性能は露出型柱脚よりも高く、柱材同等と
することができる

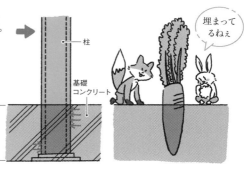

埋まっ
てるねぇ

柱

基礎
コンクリート

埋め込み深さは柱径の2倍前後とし、
角形鋼管ではこれより大きめとする。
埋め込まれた柱の側面には、上下方
向の動きに対する引っ掛かりとして
スタッドボルトを設ける場合もある

梁主筋

補強筋

梁主筋

立上り主筋

柱

埋込型柱脚の注意点
基礎工事の時点で柱をセットする必要があるため、
ほかの柱脚形式よりも工期面での制約が大きい。
また、コンクリート打設後の調整が難しいため、埋
め込む柱の施工精度の高さも要求される

埋め込む柱は基礎配筋と干渉する
ため、地中梁には水平ハンチ（梁幅を
一部大きくする）を設けるなど、納ま
りの工夫が必要である

柱側面からのコンクリートのかぶり
厚さが柱幅程度必要となる

根巻型柱脚

露出型柱脚の柱脚廻りをRC柱で包み込ん
だような柱脚形式。水平方向の力は、コン
クリートとの支圧によりRC柱に伝達され、
RC柱から基礎へと伝達される

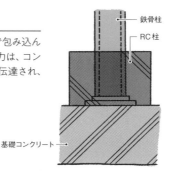

鉄骨柱

RC柱

基礎コンクリート

囲んじゃえ

根巻き高さは柱径の
2.5〜3倍とし、一般に
剛接合として扱われる。
特に力が集中するRC
柱の頂部は帯筋を2〜
3重巻きとする

鉄骨柱

RC柱

帯筋

根巻型柱脚の注意点
RC柱が地上に立ち上がり、1階柱脚廻り
が大きくなる。そのため、プラン上の納ま
りは悪いが、車両の通行が多い建物の場
合には柱脚の防護材としても機能する

梁主筋

立上り主筋　　アンカーボルト

鉄骨造のブレースの特性は？

ブレースは門形の架構（フレーム）内に設けられた斜材です。斜材を追加することで、架構の変形を抑制し、耐力を向上させます。ブレースをバランスよく配置することで、建物の揺れやすさが改善され、耐震性能も向上します。ブレース構造［32頁参照］では、軸力が主応力となって効率よく力を伝達し、ラーメンフレームの負担を軽減します。そのため、柱と梁のみで構成する純ラーメン構造よりもブレース構造のほうが、柱や梁の断面を小さく抑えることができます。

フレームの変形のしくみ

柱と梁のみで構成する純ラーメン構造は地震などの外力に対し、曲げ変形で抵抗する。対して、ブレース構造の場合は軸力が主応力となり、部材の軸変形で抵抗する。軸変形とは、部材が伸び縮みする変形である。鉄のように硬い材料の伸び縮みで抵抗するため、ブレース構造はフレームの変形が小さくて済む

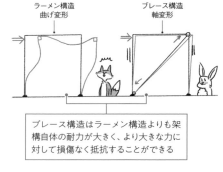

ラーメン構造
曲げ変形

ブレース構造
軸変形

ブレース構造はラーメン構造よりも架構自体の耐力が大きく、より大きな力に対して損傷なく抵抗することができる

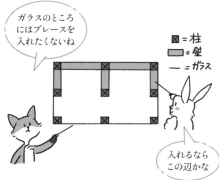

ガラスのところにはブレースを入れたくないね

■ = 柱
▨ = 壁
― = ガラス

入れるならこの辺かな

ブレースの配置計画

ブレースはバランスよく配置したいが、建築プランにうまく適合させないといけない。プランを見て、ブレースを設けられそうなところや、逆に設けたくないところを考えながら配置を決定していく。配置計画上どうしても隠しきれない場合はあえて露しとして、意匠的に整えたブレースフレームを見せることも1つの手だ

接合部が耐えてこそ力を発揮する

接合部は、ブレースが本来の耐力をきちんと発揮できるように設計しなければいけない。ブレースより先に接合部が壊れると、急激に耐力が低下する危険な壊れ方をするため、ブレース母材が降伏するよりも先に、接合部が破断しないように設計する。これを「保有耐力接合」という

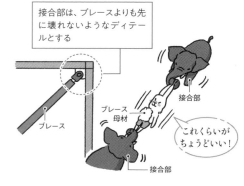

接合部は、ブレースよりも先に壊れないようなディテールとする

接合部

ブレース母材

ブレース

接合部

これくらいがちょうどいい！

ブレースの種類

圧縮ブレース

圧縮にも引張りにも抵抗するブレース。座屈にも抵抗できるよう、形鋼や鋼管を用いた比較的大きめの断面となる

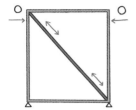

引張りブレース

引張り力にのみ抵抗するブレース。片方向にしか抵抗できないので、地震に対しては、対となる反対向きのブレースが必要になる。断面は座屈を考慮しなくてよいため、丸鋼のような比較的小さな断面となる

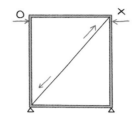

制震ブレース

建物の振動を制御したり、エネルギーを吸収したりする機構をもたせたブレース。ダンパーが付加されたものや、座屈を拘束したものなどさまざまな製品が開発されている。このような部材を用いて建物の揺れを積極的に制御する構造を「制震構造」という

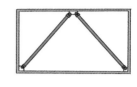

ブレースの架け方

同じブレース材でも、架け方が変わるとブレース角度や座屈長さが変わるため、剛性（効き）や耐力が変わってくる。また意匠的な納まりや施工性にも影響するため、適切なブレースの架け方を検討したい

X型

たすき掛けで配置する形式。この1か所で強度・剛性の高いフレームとできる。クロスする交点の納まりにひと手間かかってしまう場合もある

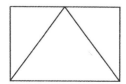

Z型

片掛けの配置。引張りブレースの場合は一方向にのみ有効となる。クロスしないため、納まりは考えやすい

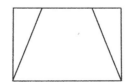

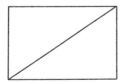

バランスや納まりを考えて選択しよう！

K型（V型）

山形で配置する形式。納まりがよく、両方向にバランスのよい配置で、座屈長さも短くなる。一方のブレースが座屈すると力のバランスが崩れるので注意

偏心K型

ラーメンとブレースの中間のようなブレース配置。うまく設計すれば、ブレースの剛性とラーメンの靭性（ねばり）の両メリットを得たバランスのよいフレームとなる

マンサード型

主として耐震補強などに用いられる配置。補強フレームを開口部に後付けする際、窓面を比較的広めに確保しやすい

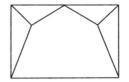

ブレースの接合部のポイントは？

ブレースは主に軸力を負担するため、接合部はピン接合とするのが一般的です。高力ボルトによる接合では、ガセットプレートと呼ばれる板材を介して柱や梁との接合が行われます。このとき各方向から集まる部材は、部材芯が一点に合うように配置することが基本です。接合部に問題があると、ブレースは必要な耐力を発揮できないため、使用するブレース材に応じた適切なディテールを設計しましょう。

部材芯を合わせる

ブレースの部材芯は原則として、取り付く柱芯や梁芯の交点に合わせるように配置する。芯がずれると、ブレースが負担する軸力により二次的な応力が発生し、芯を合わせていれば発生しないはずの余計な力が生じてしまう

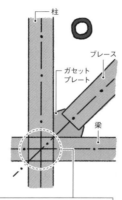
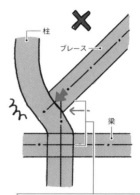

柱・梁・ブレースの部材芯が交点で合っている状態。力の流れがスムーズとなり、余計な力は発生しない

部材芯がずれると、取り付く部材は二次的な応力を考慮して設計しなければならない

保有耐力接合の設計を

接合部はブレース母材が降伏するより先に、破断しないように設計を行う必要がある（保有耐力接合⇒90頁参照）。接合部を構成するボルトやガセットプレート、溶接部などについて必要な耐力が確保できるように設計する

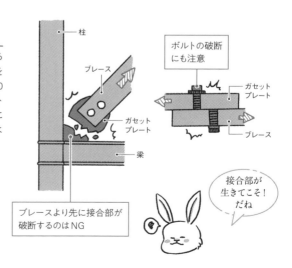

ブレースより先に接合部が破断するのはNG

接合部が
生きてこそ！
だね

ブレースの一般的な納まり

アングル

ガセットプレートと高力ボルトを用いた納まり。接合部で偏心しないよう、アングルとチャンネルはなるべく1本ではなく、2丁合わせ［※］で使うことが望ましい

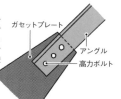

ガセットプレート
アングル
高力ボルト

チャンネル

アングル同様の納まりだが、チャンネルのせいが大きい場合、ボルトは2列以上並べたり、千鳥配置としたりする場合もある

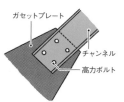

ガセットプレート
チャンネル
高力ボルト

角形鋼管

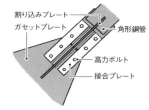

割り込みプレート
ガセットプレート
角形鋼管
高力ボルト
接合プレート

角形鋼管に接合用の割り込みプレートを挿入・溶接し、十字断面のガセットプレートと高力ボルトで接合する

鋼管

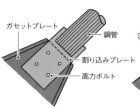

ガセットプレート
鋼管
割り込みプレート
高力ボルト

角形鋼管同様、割り込みプレートと高力ボルトを用いて接合する。ガセットプレートは面外方向に座屈しないような納まりとする

丸鋼

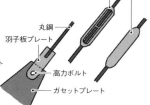

ターンバックル
丸鋼
羽子板プレート
高力ボルト
ガセットプレート

丸鋼ブレースにはJIS規格品のターンバックル筋かいがある。丸鋼端部には羽子板状の接合プレートが取り付き、高力ボルトで接合する。丸鋼は自重でたわむため、張力を与えるターンバックルを設ける

ブレースと各部の取り合い

ブレースの断面や接合部を検討する際は、周辺部材との取り合いも考える必要がある。ブレース構造の場合は、相対的に柱や梁のサイズが小さくなる。ブレース幅が柱や梁の幅を超えてしまうと、胴縁や仕上げ材と干渉する可能性がある

床面付近のブレース接合部は、床スラブとの関係を考えて高さを設定する

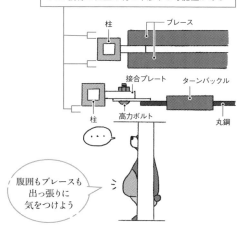

柱
ブレース
接合プレート
ターンバックル
柱
高力ボルト
丸鋼

・・・

腹囲もブレースも
出っ張りに
気をつけよう

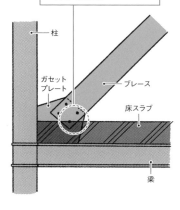

柱
ガセットプレート
ブレース
床スラブ
梁

※ 2丁合わせ：2つの部材を合わせて1つの部材とすること

鉄骨造のトラスの特性は？

トラスは部材を三角形に組んで構成した架構で、主に大スパン架構などに用いられます。ブレース同様、主に軸力で抵抗するため、力学的に効率のよい架構となります。細い材の組み合わせで、軽量化を行いつつ高い構造性能を発揮できる、まさに鉄骨向きの構造形式といえます。平面で構成したトラスを「平面トラス」、3次元的に構成したトラスを「立体トラス」といいます。平面トラスも立体トラスも、三角形の組み方によってさまざまな形状をつくることができます。トラスの特徴的な架構は鉄骨らしい意匠性があり、露しとなることも多いです。

トラスの構成と考え方

トラスは一般に、上弦材・下弦材・腹材（斜材・束材）で構成される。トラス全体を大きなH形鋼の梁として考えると、上弦材と下弦材はフランジ、腹材はウェブにあたる。トラスは軸力で構成されるため、接合部は基本的にピン接合となる［※］

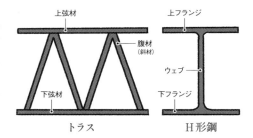

平面トラスの種類

平面的に構成されたトラス。上弦材と下弦材が水平に配置されたトラスを「平行弦トラス」、山形に組まれたトラスを「山形トラス」という

プラットトラス

斜材がスパンの中央に向かって下がるように配置される。斜材が引張り力、束材が圧縮力を負担する

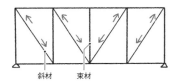

ハウトラス

斜材がスパンの中央に向かって上がるように配置される。斜材が圧縮力、束材が引張り力を負担する

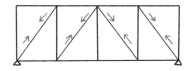

ワーレントラス

上向きと下向きの斜材が交互に配置されたトラス。スパンの中央に向かって下がる斜材には引張り力、上がる斜材には圧縮力が発生する。鉛直方向の束材が入るパターンもある

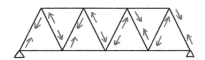

ダブルワーレントラス

X型の斜材を連続させたトラス。ワーレントラス同様、スパンの中央に向かって下がる斜材には引張り力、上がる斜材には圧縮力が発生する

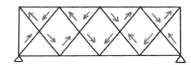

※ 納まりの都合上、剛接合とする場合もある。剛接合の場合でも、軸力メインとなるトラスの特性上、ピンとして扱っても問題ないケースも多い

立体トラスの種類

トラスを立体的に構成したシステム。平面トラスよりも、さまざまな方向の力に対して一体的かつ合理的に抵抗できる

2方向ラチス梁型

平面トラスを2方向に組み合わせた形状。接合部は平面的であるため、納まりは比較的簡単

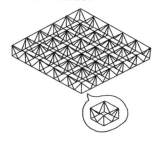

四角錐ユニット型

四角錐を連続させた形状。立体トラスではスタンダードなかたち。接合部は3次元的になり、納まりは比較的難しい

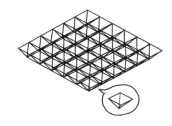

トラス構成のフレームの種類

門形・山形

ラーメン構造の柱や梁をトラス組みにしたフレーム。軽量で大空間を構成できる。工場建築に多い

門形　　　　　山形

アーチ

トラスで構成したアーチ。体育館やプールのような大空間の建物では屋根部分をアーチとする場合も多い

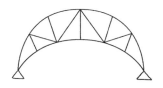

ドーム

トラスで構成したドーム。アーチを立体的にした形状で、スタジアムなどの屋根に採用される

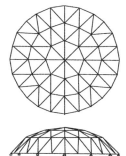

シェル

フレームが曲面的に連続するシェル構造をトラスで構成した形状

タワー

タワー建築は建物全体がトラスになっていることが多い。塔状で倒れやすい形状のため、軽くて強い架構としてトラスが選択されやすい

トラスは大きな架構が得意。橋などの土木分野でも活用されているよ〜

床スラブの種類と納まり

床スラブは、積載荷重（人や家具など）を支えるだけでなく、地震時にはその高い面剛性によって各フレームへ力を伝達する役割をもち、また火災時には耐火部材としての機能も果たします。そのため床スラブを設計する際には、これらの機能を満足する断面や接合仕様とする必要があります。鉄骨造では、デッキプレートを用いたコンクリートスラブのほか、ALCパネルなどの乾式材をスラブとして使用する場合もあります。コンクリートスラブの場合、基本スパンは2.5〜3m程度とし、デッキプレートを型枠代わりに使用して支保工を省略する方法が一般的です。スラブの仕様は居住性にも影響するため、用途に応じた適切なスラブを選択しましょう。

床スラブの種類

デッキ合成スラブ

折板状のデッキプレートとコンクリートが一体となって応力に抵抗するスラブ。型枠代わりにもなるデッキプレートには小さなかぎ溝や凸凹が設けられ、コンクリートと噛み合うことで一体性を発揮する。鉄骨造のコンクリートスラブでは最も主流。認定を取得したさまざまな種類の合成デッキが各メーカーから発表されている

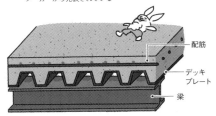

配筋
デッキ
プレート
梁

フラットデッキ

表面がフラットなデッキプレートを仮設用の「捨て型枠」として使用したコンクリートスラブ。折板による凸凹形状がなく、コンクリート使用量を軽減できる。階高確保にも有利だが、スラブの下側にはリブ状の出っ張りが生じるため、天井材や設備配管との取り合いには注意が必要

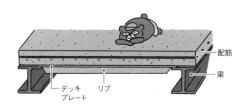

配筋
梁
デッキ   リブ
プレート

デッキ複合スラブ

折板状のデッキプレートの溝に主筋を配置したコンクリートスラブとデッキプレートの両者で荷重を負担するスラブ。耐火構造とするための認定条件には、スパンや荷重コンクリートの厚さなどがある。かぎ溝がなくすっきりした外観は露し天井で使用されることもある

配筋
デッキ
プレート
梁

鉄筋トラス付きデッキ

フラットな捨て型枠デッキの上にトラス状の鉄筋が取り付けられたデッキスラブ。工場で取り付けられたトラス筋は、工事中の仮設梁となるほか、スラブ筋の一部にもなり、床配筋の作業が軽減される。フラットデッキのようなスラブ下の出っ張りがなく、天井側の納まりもよい

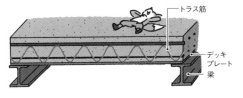

トラス筋
デッキ
プレート
梁

梁とスラブの接合

頭付きスタッド

頭付きスタッドを梁天端に溶接し、コンクリートへの引っ掛かりを設けることで梁と接合する。スタッドの配置間隔などには標準の規定が定められている。合成梁として設計する場合も、頭付きスタッドが必要となる

型枠デッキの場合は焼き抜き栓溶接が使用できないので、頭付きスタッドにより接合する

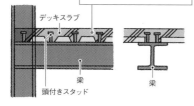

デッキスラブ
梁
頭付きスタッド
梁

焼き抜き栓溶接

合成スラブの場合は頭付きスタッドを省略し、溶接のみでスラブと梁を接合する方法もある。溶接は手動で行う場合と、「アークスポットガン」と呼ばれる自動溶接機を用いて行う場合がある

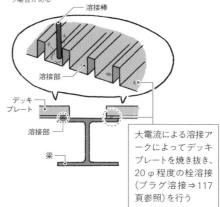

溶接棒
溶接部
デッキプレート
溶接部
梁

大電流による溶接アークによってデッキプレートを焼き抜き、20φ程度の栓溶接（プラグ溶接⇒117頁参照）を行う

梁とデッキプレートの接合

かかりしろに注意

デッキプレートの梁へのかかりしろはスパン方向で50mm、幅方向で30mm以上とする。ただし、合成スラブで焼き抜き栓溶接とする場合には、幅方向も50mm以上を確保する。梁とデッキプレートは溶接で固定する

小口ふさぎは必要？

凹凸形状のデッキプレート端部では、コンクリートが漏れ出さないように小口ふさぎを行う。ただし、デッキプレートの端部を工場でプレス加工し閉塞させた、エンドクローズタイプのデッキを用いる場合は、小口ふさぎは不要となる

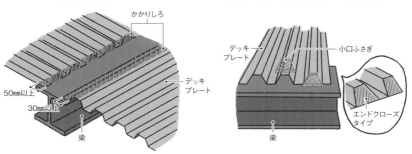

かかりしろ
デッキプレート
50mm以上
30mm以上
梁

デッキプレート
小口ふさぎ
エンドクローズタイプ
梁

ALCスラブの接合

ALCパネルをスラブとして使用した場合の代表的な構法が、敷設筋構法である。パネルを敷き並べ、目地部をモルタルで充填する。目地部には取り付け金物や目地鉄筋が配置される

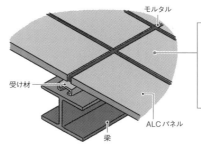

モルタル
受け材
ALCパネル
梁

ALCパネル自体に耐火性能があるため、厚みの条件を満たすことで耐火被覆を省略することができる

断面寸法を算出してみよう

断面算定とは、柱や梁など個別部材の断面が安全性を満たしているか確認する計算です。建物を構成する構造部材は、基本的にすべて断面算定を行います。断面算定は部材の種類によって計算方法が違いますが、主として曲げモーメント・軸力・せん断力に対して検討を行います。断面算定を行って安全性が不足していると判断された場合には、断面寸法を大きくしたり、部材の強度を上げたり、荷重の設定やフレーム構成を見直すなどして、すべての部材が安全性を満足するよう設計を行っていきます。

柱の断面算定

柱の断面算定では、基本的に「曲げモーメント＋軸力」と「せん断力」の2種類の計算を行う。柱に発生する応力が許容応力以下となることを計算によって確認する。断面算定は長期荷重と短期荷重、両方のケースで検討を行う必要がある

曲げモーメント＋軸力の計算

柱の曲げモーメントは、断面の左右間で押し引きする軸力とも考えられるので、曲げモーメントと軸力は組み合わせて断面算定を行う。角形鋼管の場合は、冷間成形によって断面の一部が塑性化している影響を考慮して、応力の割増などが必要な場合がある

軸力には引張り力と圧縮力があるが、座屈の影響により、部材は圧縮に対してのほうが弱いので、圧縮力との組み合わせで検討を行う

力の足し合わせで縁側の応力がより大きくなる

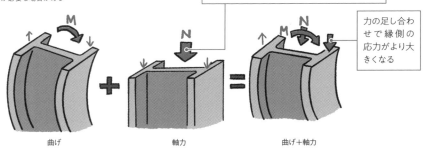

曲げ　　　　　　軸力　　　　　　曲げ＋軸力

せん断力の計算

せん断力の検討では、発生するせん断力が部材の許容せん断力以下になることを確認する。断面全体のうち、せん断力に抵抗できる断面のみを考慮して設計する

H形鋼ではウェブ部分のみを考慮する

鉄骨はせん断力に対して比較的強いため、基本的には曲げや軸力によって断面寸法が決定される

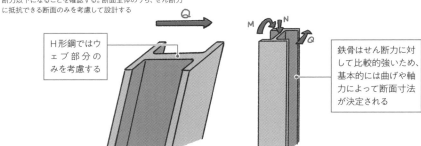

梁の断面算定

梁の断面算定では、「曲げモーメント」と「せん断力」の2種類の応力計算と、「変形」（たわみ）の計算を行う

曲げモーメントの計算

曲げによって発生する梁の上下面で押し引きする力に対して許容応力以下になることを確認する。このとき、横座屈による反りやねじりの影響を考慮し、低減された許容応力度を用いる

軸力は不要？

床がRC造で梁と一体化される場合には、基本的に軸力を考慮しない［※］。ただし、ALCパネルなど乾式床の場合や、吹抜けなどによりRCスラブに梁が一体化されていない場合には軸力が発生するため、柱同様に曲げモーメントと組み合わせて計算する

大梁は長期荷重と短期荷重に対して計算を行い、小梁は長期荷重に対してのみ計算を行う

一体化されていない梁には軸力が発生する

RCスラブに梁が一体化されている場合は軸力の考慮は不要

境界条件に注意

床を支える梁は、変形量（たわみ量）の確認も必要である。長期の荷重に対して、スパン中央の鉛直たわみが過大にならないことを計算によって確認する。このとき、境界条件によって応力や変形は大きく異なるため注意したい

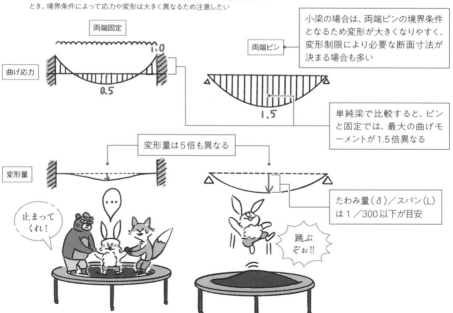

両端固定

曲げ応力

1.0

0.5

両端ピン

1.5

小梁の場合は、両端ピンの境界条件となるため変形が大きくなりやすく、変形制限により必要な断面寸法が決まる場合も多い

単純梁で比較すると、ピンと固定では、最大の曲げモーメントが1.5倍異なる

変形量は5倍も異なる

変形量

たわみ量（δ）／スパン（L）は1／300以下が目安

止まってくれ！

・・・

跳ぶぞぉ!!

※ ただし、ブレース架構の場合は軸力の考慮が必要な場合もある

ブレースの断面算定

ブレースの断面算定では「軸力」に対して計算を行う。ブレースの接合は基本的にピン接合となり、この場合、曲げモーメントやせん断力は発生しない。軸力に対し、座屈を考慮した許容応力以下となることを確認する

引張りブレースの場合、圧縮力は無視するため、引張り力に対して検討を行う

ブレース材の耐力は、断面の欠損を考慮した断面積から求める。丸鋼ブレースの場合は、接合部でネジ加工されているので、ネジ分の断面欠損を見込む必要がある

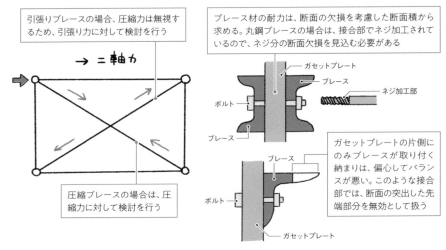

→ = 軸力

圧縮ブレースの場合は、圧縮力に対して検討を行う

ガセットプレート
ブレース
ボルト
ブレース
ネジ加工部

ガセットプレートの片側にのみブレースが取り付く納まりは、偏心してバランスが悪い。このような接合部では、断面の突出した先端部分を無効として扱う

ブレース
ボルト
ガセットプレート

トラスの断面算定

軸力の計算

トラスの断面算定も「軸力」に対して計算を行う。基本的な考え方はブレースと同様である。トラスの斜材の向きを決める際、引張り力が発生する向きに配置すると、座屈を考慮しなくてよいため必要断面は小さくなる

座屈長さに注意

トラスは大スパンに用いられることが多いが、上弦材や下弦材の座屈長さの取り方には注意が必要である。トラス全体が構面外に座屈する可能性があるため、必要に応じて面外方向への座屈対策を考える

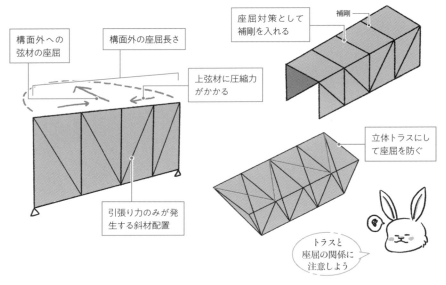

構面外への弦材の座屈

構面外の座屈長さ

上弦材に圧縮力がかかる

引張り力のみが発生する斜材配置

座屈対策として補剛を入れる

補剛

立体トラスにして座屈を防ぐ

トラスと座屈の関係に注意しよう

基礎の断面算定

基礎の検討では、支持地盤の安全性の確認と基礎躯体の断面算定を行う。地盤の地耐力や支持力は、地盤調査の結果などにより決定する。また建物に有害な地盤沈下が起こらないことも確認が必要である。基礎の断面算定は、基礎形式ごとに考え方が異なるが、いずれも基礎が受ける力は建物全層分の荷重によるもので、一般階の部材が受ける力よりもはるかに大きなものとなる

直接基礎の場合

柱から落ちてくる荷重は、基礎底面で分散させ地盤へ伝える。その際、基礎は地盤から同じだけ上向きの反力を受けることになる。この反力に対して基礎躯体の断面算定を行い、曲げモーメントやせん断力に対して検討を行う。低層建物の場合は長期荷重によって決まる場合が多いが、規模が大きくなるにつれ短期荷重が支配的となる

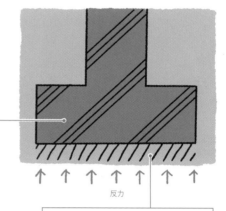

基礎躯体はRC造のため、RC部材の断面算定を行い、基礎の形状や鉄筋仕様を決定する

反力

支持地盤の検討では、建物の荷重が地盤の許容地耐力以下となることを確認する

杭基礎の場合

柱直下に設けた杭により、深層の良好な地盤へ荷重を伝える。断面算定では、杭が負担する鉛直方向の軸力に対して杭自体の耐力が満足することを確認する。また杭は地震力も負担する。地震による水平力に対して柱同様に「曲げモーメント＋軸力」と「せん断力」の検討を行う

支持力の検討では、建物の荷重が杭先端の地盤耐力や周囲の摩擦などを考慮した許容支持力以下となることを確認する

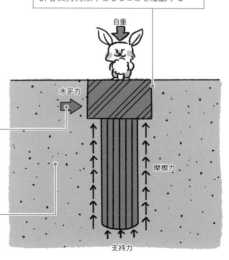

自重

水平力

摩擦力

支持力

地震時の杭は、水平方向に地盤に支えられている状態を想定して計算を行う。同じ水平力でも、表層の地盤が悪いほど、杭の変形は大きくなり応力も大きくなる。杭頭の応力は基礎躯体にも伝達されるため、表層地盤が悪いと、基礎躯体が全体的に大きくなってしまう

地盤に液状化の恐れがある場合には、摩擦力を無視したり、杭を水平方向に支える力が大きく弱まったりするとして計算に考慮される

仮定断面を電卓で略算してみよう

計画初期に、基本プランの作成や概算コストを算出する目的で、構造部材の仮定の断面サイズを設定します。これを「仮定断面」といいます。仮定断面の算定は概算であり、一般的な建物では電卓でも計算が可能です。まず荷重を想定し、対象部材に発生する応力を仮定し、断面算定を行う、という流れを繰り返します。仮定断面をもとに、実施設計ではより詳細な計算を行っていきます。精度の高い仮定断面を設定できると、以降の設計作業をスムーズに進めることができます。逆に精度が悪いと手戻りが多く、意匠や設備設計との調整も繰り返し発生してしまいます。

仮定断面の計算の流れ

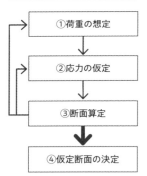

① 荷重の想定

② 応力の仮定

③ 断面算定

④ 仮定断面の決定

構造計算のスタートは荷重の設定である。長期荷重はもちろん、地震荷重も建物重量から算定される。スラブや仕上げの仕様、建物用途などを考慮して、各層の平均重量を仮定する。鉄骨造の場合は、1層あたり5～7kN/㎡程度を平均重量とするのが一般的

計算する部材に発生する応力を仮定する。すべての応力に対して計算するのではなく、その部材にとって致命的となる応力を見極めて計算する。境界条件によっても応力は変わるため、こちらも適正な仮定が必要である

応力がわかれば、それに対して必要な断面性能を求められる。鉄骨造の場合、部材は既製品サイズで決まっていて、サイズや断面性能がリスト化された鋼材表があるので、そこから必要な部材を選択する。計算した結果、断面が不足したり大きすぎたりすれば①や②の手順に戻って条件を変え、再計算を繰り返しながら適正な断面を探っていく。安全率を自身で設定し、納まりや施工性などを考慮しながら断面を決定する

柱の仮定断面

長期の軸力が大きく、断面決定において座屈の影響が大きい場合の仮定断面を求める手順は、以下のとおり。なお圧縮材の場合は、断面が変わると座屈長さが変わり許容応力度も変わるため、注意が必要だ

① 検討する柱の負担面積Aを求める
② ①に平均重量と負担する層数を乗じて、その柱の軸力（圧縮力）Nを求める
③ 柱の座屈長さを求め、仮定した柱断面の座屈を考慮した許容圧縮力を計算し、発生軸力を上回る部材を求める

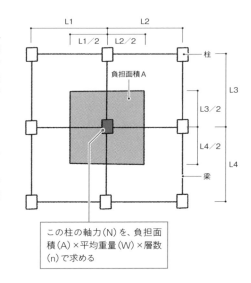

この柱の軸力（N）を、負担面積（A）×平均重量（W）×層数（n）で求める

梁の仮定断面

スパンが大きいなど、断面決定において長期荷重の影響が大きい場合の仮定断面を求める手順は、以下のとおり。なお境界条件が両端ピンの小梁などは、変形で断面が決まることも多いので、併せてチェックする。梁せいはスパンの1/15〜1/13程度が目安となる

①検討する梁の負担幅Bを求める
　（L1／2＋L2／2）
②①に想定した床荷重を乗じて、その梁が負担する荷重qを求める
③梁の境界条件を仮定し、②から応力と変形を計算する
④③に対し、許容曲げ応力度や変形制限値から逆算的に必要な断面性能を求め、鋼材表から満足する部材を選択する

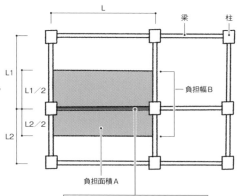

この梁の応力計算用線荷重（q）は、面積あたりの荷重（W）×負担幅（B）で求める。この荷重とスパンをもとに、応力や変形の計算を行う

ブレースの仮定断面

地震力を負担する引張りブレースの仮定断面を求める手順は以下のとおり。なお圧縮ブレースの場合には、座屈を考慮した耐力で計算を行う。ブレースは基本的に長期荷重を負担しないため、ここでは考慮しない

①検討するブレースの階が負担する層せん断力を求める。層せん断力は、その階から最上階までの累積重量×せん断力係数で求める。せん断力係数は1階で0.2〜0.3となり、上階ではそれ以上の値となる
②①のうち、検討するブレースが何割程度の力を負担するか仮定し、ブレースの負担軸力を求める。このとき、せん断力は水平方向の力であり、ブレースの角度と違うので、ベクトルの考え方により力の向きをブレース方向に直す必要がある
③②に対し、許容引張り応力度から逆算的にブレースの必要断面積を求めて、鋼材表から満足する部材を選択する

ブレース材を不用意に大きくすると、接合部仕様が過剰になったり、仕上げ材と干渉したりするため、納まりを考慮しながら適切な断面サイズを検討する

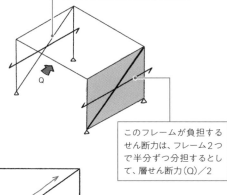

このフレームが負担するせん断力は、フレーム2つで半分ずつ分担するとして、層せん断力（Q）／2

できたかな？

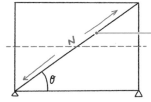

ブレースが負担する力（N）は、$N = Q／2／\cos\theta$ で求める

構造計算基準とは？

建築基準法では構造計算基準が定められています。鉄骨造の場合、この構造設計基準に適合する構造計算が必要です［※1］。構造計算の方法（ルート）は大まかに分けて3種類が定められています。ルート1とルート2では中地震（おおむね50年に1度の頻度）、ルート3では中地震と大地震（おおむね500年に1度の頻度）に対して構造計算を行い、ルートの数字が大きいほど、詳細な計算を行います。ルートの選択は設計者の判断に委ねられるところもあり、選択の余地は構造種別によって異なります。

鉄骨造のルートの決め方

鉄骨造では基本的に、比較的小規模（地上階数3以下、高さ13m以下、軒高9m以下）でバランスのよい建物はルート1以上、中規模（高さ13m以上、31m以下）で比較的整形でバランスのよい建物はルート2以上、大規模（高さ31m以上、60m未満）な建物はルート3の方法により、構造計算を行う。確認申請に加え、構造計算適合性判定（第三者による構造計算の詳細なチェック）が必要なのは、大まかにはルート3の場合である。鉄骨造の建物のほとんどはルート3で構造計算されているのが実状

ルート1

構造計算ルートのなかで最も簡単な計算手順で、比較的小規模でバランスのよい建築物を対象とする。計算は一次設計（日常の外力、中地震に対して構造部材が損傷しないことが目的）のみで、地震力を割増し十分な強度を持たせることで大地震時の安全性を確保する。鉄骨造ではルート1-1と1-2があり、適用には建物の規模と構造計算上の各種制限がある［※2］。構造計算適合性判定は不要

ルート2

高さ方向の剛性の変化や偏心を小さくし、かつ比較的簡便な考え方によって一定の強度・剛性・靭性を確保することにより、大地震に対する安全性を確保しようとするルート。このルートも一次設計だけでよいが、剛性率や偏心率、層間変形角などに規定が設けられている。守るべき規定が多く、同一の建築物でルート2とルート3の計算結果を比較すると、ルート2のほうがルート3よりも鋼材量が増す傾向にある。基本的には構造計算適合性判定は必要だが、構造計算に関する高度な知識などを有する建築主事（ルート2主事）が審査をすれば構造計算適合性判定は不要となる。多くの指定確認検査機関ではルート2主事による審査を実施するため、実態的には不要なことが多い

ルート3

ルート3の適用には、規模などによる制限はない。鉄骨造が得意とする靭性指向型計算ルートで、計算は一次設計に加え二次設計（建築物が大地震の際に崩壊・倒壊しないことを確認するのが目的）、具体的には保有水平耐力計算（建築物の壊れ方を決めて、建築物が保有する地震などの水平力に対する耐力を算定する）を行う。計算は少々複雑ではあるが、材料性能を生かしやすく、設計自由度は高い。構造計算適合性判定は必要

よく
読んでね

※1 ただし、平屋で延べ面積が200㎡以下の建築士が設計をする建物のみ構造計算基準は適用外
※2 規模の制限：ルート1-1は階数3以下、高さ13m以下、軒高9m以下、スパン6m以下、延べ面積500㎡以内。ルート1-2は階数2以下、高さ13m以下、軒高9m以下、スパン12m以下、平屋の場合延べ面積3,000㎡以内、2階建ての場合500㎡以内。ルート2は塔状比4以下で高さ31m以下の建築物

第4章 鉄骨加工

工事が始まると、いよいよ工場での鉄骨加工がスタートします。ここでは、鉄骨が製作図から工場での加工を経て製品化され、現場へ発送されるまでの一連の流れを解説します。鉄骨加工は施工の分野ですが、加工の工程を知ることは設計者にとっても大切なことです。どのようにつくられるかを無視した図面は、絵に描いた餅となってしまいがちです。鉄骨加工への正しい理解が、質の高い設計や監理につながります。

鉄骨加工の工程を知ろう

鉄骨加工を行う前に、まずは設計図をもとに設計仕様などを詳しく書き込んだ製作図を作成します。その後、製作図に従って鋼材を切断し、溶接に必要な開先加工や、ボルト接合に必要な孔あけの加工を行い、現場に搬入する各部材を組み立てていきます。部材は、およそ柱部材と梁部材に大別されて製作されます。最終的に監理者や施工者の製品検査を受検し、合格となった製品が防錆処理を施され、現場に発送されます。

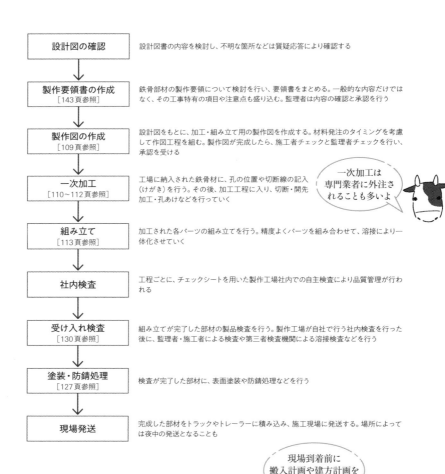

設計図の確認	設計図書の内容を検討し、不明な箇所などは質疑応答により確認する

製作要領書の作成 ［143頁参照］	鉄骨部材の製作要領について検討を行い、要領書をまとめる。一般的な内容だけではなく、その工事特有の項目や注意点も盛り込む。監理者は内容の確認と承認を行う

製作図の作成 ［109頁参照］	設計図をもとに、加工・組み立て用の製作図を作成する。材料発注のタイミングを考慮して作図工程を組む。製作図が完成したら、施工者チェックと監理者チェックを行い、承認を受ける

一次加工 ［110〜112頁参照］	工場に納入された鉄骨材に、孔の位置や切断線の記入（けがき）を行う。その後、加工工程に入り、切断・開先加工・孔あけなどを行っていく

一次加工は専門業者に外注されることも多いよ

組み立て ［113頁参照］	加工された各パーツの組み立てを行う。精度よくパーツを組み合わせて、溶接により一体化させていく

社内検査	工程ごとに、チェックシートを用いた製作工場社内での自主検査により品質管理が行われる

受け入れ検査 ［130頁参照］	組み立てが完了した部材の製品検査を行う。製作工場が自社で行う社内検査を行った後に、監理者・施工者による検査や第三者検査機関による溶接検査などを行う

塗装・防錆処理 ［127頁参照］	検査が完了した部材に、表面塗装や防錆処理などを行う

現場発送	完成した部材をトラックやトレーラーに積み込み、施工現場に発送する。場所によっては夜中の発送となることも

現場到着前に搬入計画や建方計画を詰めておこう

鉄骨製作工場はどう選ぶ？

鉄骨部材は、運搬さえできれば、建設地にかかわらず日本全国どこの工場でもつくることができます。鉄骨製作工場（ファブリケーター）は略して「ファブ」（FAB）と呼ばれ、その役割は鉄骨工事において大きなウェイトを占めます。ファブ選定の目安の1つに、工場認定制度の「グレード」があります。しかし何より、計画している建物にあった信頼できるファブを選定することが最も大切です。初めて協働するファブであれば、書類や資料だけではなく、実際に工場へ足を運んで視察を行い、自身の目で確認することが望ましいです。

ファブの選定材料は？

ファブの選定材料には、鉄骨数量、鋼材の種類、工程、納期、要求品質、難易度、コスト、実績、自主製作か外注製作か、などがある。また、設計図書には指定グレードが明記されるので、施工者はこれをもとにファブ選定を行う。ただし、ファブのその時点での仕事の請負状況や納期・コストなどから、必ずしも指定グレードが選択されるとは限らない

ファブのグレードとは？

国土交通大臣認定による工場のグレード分け制度により、ファブはグレードの高い順からS、H、M、R、Jの5段階に分類される。グレードをもたないノングレード工場もある。規模や使用鋼材、溶接技能者の有資格者数、作業条件など、適用条件によりグレード分けされている。グレードが上位になるほど品質の高いものとなる可能性は高いが、すべての部材製作を得意としているとは限らない。下位グレードでも、一般的な架構であれば十分な製作能力をもつ工場もある

各工場に特色・特徴があるんだぜ

グレードの分類と概要

グレード区分	建物規模	鋼材種別	鋼材板厚	通しダイアフラム（開先なし）
J	鉄骨溶接構造の3階以下、延べ面積500㎡以下、高さ13m以下かつ軒高10m以下	400N級鋼	16mm以下	400Nおよび490N級、板厚22mm以下
R	鉄骨溶接構造の5階以下、延べ面積3,000㎡以下、高さ20m以下	400Nおよび490N級鋼	25mm以下	400Nおよび490N級、板厚32mm以下
M	鉄骨溶接構造の建築物、延べ床面積・建物高さ制限なし	400Nおよび490N級鋼	40mm以下	板厚50mm以下
H	鉄骨溶接構造の建築物、延べ床面積・建物高さ制限なし	400N、490Nおよび520N級鋼	60mm以下	板厚70mm以下
S	すべての鉄骨溶接構造の建築物、延べ床面積・建物高さ制限なし	制限なし	制限なし	制限なし

工場の視察に行ってみよう

鉄骨製作を始める前に、実際にファブへ足を運んで視察を行うことも重要です。工場視察では、工場の設備、製作・品質管理状況などを確認します。工場内のようすや実際に製作したもの、製作している人などからは、その工場特有の雰囲気が感じられ、工場選定やその後の進め方の参考にもなります。早いタイミングで製作者と直接打ち合わせができるため、懸念事項などについて早期に具体的な打ち合わせを行えるのもメリットです。

工場内見学の前の打ち合わせ

ファブに到着すると、まずは事務所で工場に関しての説明が行われ、その後、工場内の見学を行う。事務所では、品質管理方法や工場内での作業の流れ、その工場の「売り」、特に気をつけていることなどを聞き、気になる点についても質問してみるとよい

事務所には過去に請け負った仕事の写真などが掲示されている場合もあり、こちらも参考になる

工場内の見学時のチェックポイント

①工場内がきれいに整理整頓されているか
製品や工具などが雑然と置かれていないかを確認する。整理・整頓・清掃は安全衛生管理の基本だ

②製品の溶接はきれいか
作業中の組み立て状況や溶接状況を確認する。特に溶接の技術レベル、きれいさは要確認。敷地内のストックヤードでは、製品の仕上がり状態や養生方法なども確認する

③製作治具のつくり方
部材精度を確保するための治具には、つくり手のセンスが表れる。いかにまっすぐつくれるか、正確な角度を保持できるか。治具の形状や使い方なども確認する

④実際に作業を行う職人とのコミュニケーション
窓口担当者だけでなく、実際に作業を行う職人とのコミュニケーションもとれるとよい。職人としての知識やプライド、意識の高さなどを感じられたりもする

⑤作図の状況
工場内で作図を行っている場合は、作図の作業環境や使用ソフト、図面の描き方などを確認できる。作図者の製作に関する知識が深いと、安心感がある

製作図を確認しよう

施工者は鉄骨製作業者に、設計仕様を詳細に書き込んだ製作図を作成させ、細部の納まりを確認した後、監理者の確認・承認を受けます。製作図には、構造部材の継手や仕口の納まり、溶接仕様のほか、天井や壁、設備配管など二次部材の取り付け金物、さらに施工用の仮設ピースの記入も必要となります。監理者と施工者のダブルチェックにより、間違いや抜けがないか細かく確認を行います。最近ではBIMを用いた製作図の作成も普及しています。パソコン上の3Dモデルのチェックには手間や工夫が必要ですが、ツールを過信せず、アナログ的な視点によるチェックも大切にしたいところです。

意匠設計者(監理者)が確認すること

天井や壁など二次部材の取り付け金物の位置や寸法が適切であるか、防錆のための下地塗装やめっき処理が適切であるか、仕上げ塗装や耐火被覆との相性など。鉄骨露し部の接合部の納まりなども確認する

建物が完成した状態をイメージしてチェック！

構造設計者が確認すること

材種・部材寸法・断面寸法が適切であるか、継手の位置や仕口の納まり、溶接仕様が適切であるか、梁貫通孔の径や位置、補強は適切であるか、など

安全性の観点から骨組みをチェック！

設備設計者が確認すること

設備の取り付け金物の位置や寸法が適切であるか、梁貫通孔の径や位置が適切であるか、など

設備の全体計画とメンテナンス性の観点からチェック！

施工者が確認すること

上記項目に加え、建方用の仮設ピースの仕様・位置・寸法が適切であるか、建方計画に即した部材割りとなっているか、他工事との取り合いが適切であるか、など

安全かつスムーズな施工計画の観点からチェック！

一次加工① 切断

加工の工程ではまず、製作図に従い形鋼や鋼板を所定の寸法に切断していきます。切断の前には、鋼材に切断位置の目印となる「けがき」を入れていきます。けがきは定規・型板・鋼製巻尺を用いて行い、けがき寸法には切断方法による切断しろや、加工中に生じる収縮や変形を考慮します。切断の種類にはいくつかあり、精度・品質・経済性を考慮して、部位ごとに最適な切断法を使い分けます。

ガス切断

バーナーから噴出する炎熱と高圧の酸素によって表面を酸化・溶融させ、切断する。鋼材の形状・板厚に制限がなく、開先のように角度のついた切断も得意。ステンレスやアルミは切断できない

レーザー切断

太陽光を虫眼鏡で集める実験のように、レンズで集光したレーザーによって表面を溶融させ、切断する。切断時間が早く精度も高い。切断面もきれいで、薄板切断が得意。機械制御により、大型の鉄板から自由なかたちのプレートを型抜きできる

プラズマ切断

強力なプラズマアークの放電により電気的に熱を発生させ、母材を溶融させることで切断する。切断時間は早く、ゆがみも少ない。レーザーでは切断できない厚板も切断できる。鉄だけでなく、ステンレスやアルミの切断にも適用できる

機械切断

上記の3種類が熱で溶かして切断するのに対し、機械切断は物理的に切断する方法である。高速で動く刃により切断する鋸切断や砥石切断、刃の押し付けで切断するせん断切断などがある。せん断切断する場合、板厚は原則として13mm以下とする

切断酸素気流　　切断火口

切断材料

鉄骨の部材加工では原則として、手動ではなく自動ガス切断機［右頁参照］を用いる

レーザー光　　レンズ

アシストガス

ノズル

切断材料

集光！

電極

作動ガス

アーク　ノズル

切断材料

放電！

バンドソー

メタルソー

切断材料

切断材料

切断面にバリ［※］が出やすいので、グラインダーなどで修正する

※ バリ：加工・成形時に付着する残留物のこと

一次加工② 開先の加工

「開先」とは、溶接を行う部材に設ける溶接用の溝（グルーブ）のことです。溶接部の形状や板厚、溶接方法などによりその形状が定められています。開先加工にはガス加工法と機械加工法があり、加工を行う部位や工場の設備により使い分けられます。また、開先加工面はそのまま溶接面となりますので、表面精度も重要です。表面の粗さやノッチ（傷）の深さは、所定の基準を満たす必要があります。

溶接前の
下準備だ

開先の種類・記号

I形	V形	レ形	K型
6mm以下の薄板の溶接などに用いる。開先加工が不要	溶接する部材の両方に開先を設けた形状	完全溶け込み溶接[117頁参照]の開先では最も一般的な形状	主に板厚が厚い場合に用いられる。板の上下にレ形開先を設けた形状

形状

記号

機械加工法

主にH形鋼や鋼管、コラムの小口加工で用いられる。専用の開先加工機があり、精度もよい。高速回転するコマ状の切削刃によって、所定の角度の開先を削り出す方法などがある

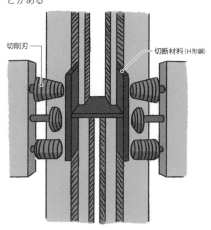

切削刃

切断材料(H形鋼)

ガス加工法

移動可能な自動ガス切断機が用いられ、操作は簡単で加工精度も高い。長さのある板材の開先加工などに用いられる。手動ガス切断は切断面の品質や精度が劣るので、開先加工では原則として使用しない

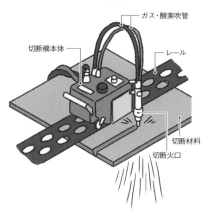

ガス・酸素吹管

切断機本体

レール

切断材料

切断火口

一次加工③ 孔あけ

孔あけ加工には、ドリルによる切削孔あけと、せん断による抜き打ち孔あけがあります。一般の鉄骨加工では、ほとんどの場合でドリル孔あけが採用されます。ボルト用の孔あけでは、ボルトの種類によりその孔径が決められています。孔の間隔や最小縁端距離についても規準が定められているほか、設計図書に明記されている場合もあるので確認が必要です。

ドリル孔あけ

鋼板・形鋼など、ほとんどの鋼材の孔あけに適用でき、孔の精度も高い。高力ボルトの孔あけは、原則としてドリル孔あけとする

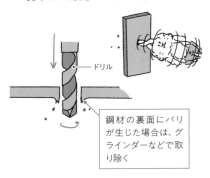

ドリル

鋼材の裏面にバリが生じた場合は、グラインダーなどで取り除く

抜き打ち (せん断) 孔あけ

主に板厚13mm以下の小物板の孔あけで用いられる。高力ボルトの孔あけには摩擦面の密着性が確保できないため使用できない

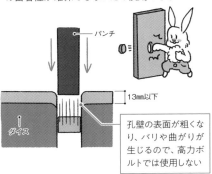

パンチ

13mm以下

ダイス

孔壁の表面が粗くなり、バリや曲がりが生じるので、高力ボルトでは使用しない

ボルトの孔径・ピッチ・縁端距離の確認

ボルト孔はボルトの種類によって孔径が規定されている。また、孔の配置にもルールがある。孔中心間の最小距離（ピッチ）はボルトの公称軸径の2.5倍以上とし、孔の縁端距離は、縁端の加工方法によってその最小値が変わる。高力ボルト孔の加工では、摩擦面を乱さないよう、摩擦面処理を行う前に孔あけを行う

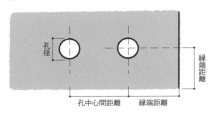

孔径

縁端距離

孔中心間距離　縁端距離

高力ボルト・アンカーボルトの孔径

種類	孔径
高力ボルト	d_1が27mm未満の場合…d_1+2.0mm d_1が27mm以上の場合…d_1+3.0mm
ボルト	d_1+0.5mm
アンカーボルト	d_1+5.0mm

d_1：ボルトの公称軸径

ボルトの最小縁端距離

径(mm)	せん断縁・手動ガス切断縁(mm)	圧延縁・自動ガス切断縁(mm)
12	22	18
16	28	22
20	34	26
22	38	28
24	44	32
27	49	36
30	54	40

鉄骨の組み立て工程

組み立ての工程では、事前に切断・開先加工・孔あけなど一次加工を行った各パーツを、溶接によって組み立てていきます。仕口部の形成や、仕口と柱材の接合、ガセットプレートの取り付けなどを行い、柱や梁を形づくっていきます。組み立ての際には組み立て治具を用います。治具とは、作業時に組み立て材を仮固定するための補助器具です。これをうまく使うことで、精度を高めつつ効率的に作業を進めることができます。

仕口の組み立て

一般的な角形鋼管柱とH形鋼の梁の仕口では、仕口部分の核にあたる「サイコロ」を組み立てた後、梁方向にブラケットを取り付ける。構成パーツが多いため、溶接箇所も多くなる。溶接方向が下向きになるように部材を回転させながら作業を進めていく

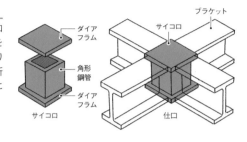

ダイアフラム
サイコロ
ブラケット
角形鋼管
ダイアフラム
サイコロ
仕口

柱の組み立て（大組み）

仕口と柱材を接合し、運搬サイズの製品として柱を組み立てる。大きな回転する治具（ポジショナー）などに取り付けた製品を、常に下向き溶接となるように回転させながら各部の溶接を行っていく。溶接作業は溶接工が行う場合もあるが、ロボットアームで自動溶接を行うシステムもある。大組みが完了したら、仮設用のピースなどを取り付けていく

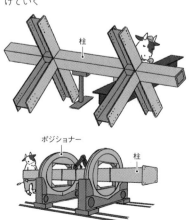

柱

ポジショナー

柱

組み立て溶接

本溶接を行う前に各パーツを仮組みし、組み立て溶接にて一時固定する。仮組み用だからといい加減な溶接を行ってしまうと、母材の割れや性能低下につながる。以前は「仮付け溶接」という名称だったが、適当でもよい、との誤解を招くとして、「組み立て溶接」に名称が変更された

溶接は被覆アーク溶接またはガスシールドアーク溶接[116頁参照]で行い、4mm以上の脚長をもつビードを適切な間隔で設ける

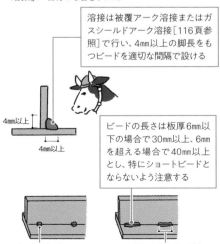

4mm以上
4mm以上

ビードの長さは板厚6mm以下の場合で30mm以上、6mmを超える場合で40mm以上とし、特にショートビードとならないよう注意する

ショートビード

30mmまたは40mm以上

ボルト接合と溶接接合の違いは？

部材どうしの接合方法は、「溶接接合」と「ボルト接合」に大きく分かれます。接合部は構造的な弱点となりやすいため、高い接合品質を確保することが重要です。品質管理の観点から、工場での接合には溶接を、現場での接合にはボルトを使用することが多いですが、納まりや条件によっては、現場での溶接が必要になるケースも出てきます。各接合部において、意匠的な要求や構造的な性能、施工的な条件を総合的に判断し、接合方法を決定します。

現場接合ならボルト接合

ボルトを締め付けることで部材どうしを接合する。作業は比較的簡単で、安定した性能が得られるため、現場での部材接合によく用いられる。構造の主要接合部では高力ボルトの使用が原則となる。ボルトを緩めれば簡単に外せることも特徴

ボルトが母材から出っ張るため、仕上げなどの周辺部材との納まりはあまりよくない。鉄骨を露しとする場合では、意匠上好ましくない場合もある

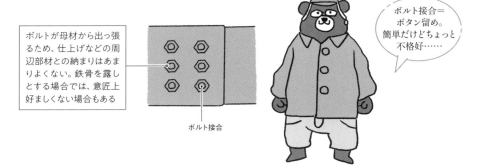

ボルト接合

ボルト接合＝ボタン留め。簡単だけどちょっと不格好……

溶接接合は工場での作業が基本

溶接接合は、接合しようとする母材を高温で溶かしつつ、そこに溶接棒の金属を溶着させて接合する。断面欠損がなく、母材同等の性能を得ることもできる。品質は溶接工の技量に左右されやすく、監理者・管理者ともに高い技術を求められるので、しっかりとした管理体制を組むことが必要であり、品質管理が行いやすい工場での作業が基本となる。現場溶接を行う場合は、特に入念な品質管理計画を立てる。なお溶接には、各種の溶接技能者資格があり、溶接工の技術レベルの1つの指標となる

溶接接合

接合部がコンパクトになるため仕上げとの納まりもよく、意匠的にもすっきりとした外観となる

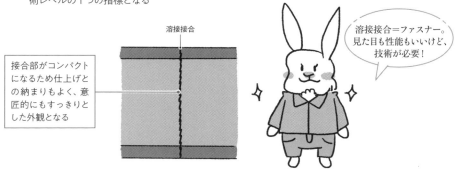

溶接接合＝ファスナー。見た目も性能もいいけど、技術が必要！

ボルトの種類

鉄骨に使用するボルトは、「中ボルト」と「高力ボルト」の2種類が基本です。中ボルトは「普通ボルト」、高力ボルトは「ハイテンションボルト」(HTB)とも呼ばれます。両者の外観は似ていますが、力の伝え方・接合強度・施工方法などが大きく違います。構造上主要な部分の接合には高力ボルトの使用が原則であり、中ボルトの使用には制限が生じます。高力ボルトには「トルシア型高力ボルト」や「高力六角ボルト」のほか、めっき処理された「溶融亜鉛めっきボルト」があり、設計や施工条件により適切な種類のボルトを選択します。

中ボルト接合

ボルトが孔に接触する際の支圧力で接合する。高力ボルトに比べ耐力が小さく、振動や衝撃・繰り返し応力に弱い。胴縁、母屋、二次部材などに使用される。主要構造部に使用する場合には、軒高9m以下、スパン13m以下、延べ床面積3,000㎡以下など建物規模の制限が生じる。孔径は高力ボルトよりも小さく設定される

高力ボルト接合

ボルトを強く締め付けることで生じた鋼材どうしの摩擦力で接合する。中ボルトよりも接合耐力が高く、梁継手、ブレースなど、構造上主要な部分の接合では原則として高力ボルトを使用する

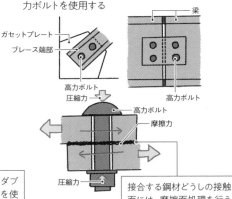

梁
ガセットプレート
ブレース端部
高力ボルト
圧縮力
高力ボルト
高力ボルト
摩擦力
圧縮力

接合する鋼材どうしの接触面には、摩擦面処理を行う必要がある。所定の摩擦係数が得られるよう、あえて表面を錆びさせたり、ブラスト処理[※]によって摩擦面の目荒らしを行う

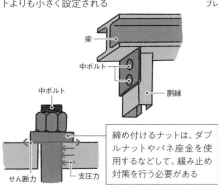

梁
中ボルト
中ボルト
胴縁
せん断力
支圧力

締め付けるナットは、ダブルナットやバネ座金を使用するなどして、緩み止め対策を行う必要がある

高力ボルトの種類

トルシア型高力ボルト

ピンテールの破断によって必要なトルク(ねじりの強さ)が導入されたことがわかるので、施工管理が簡単[158頁参照]。締め付け軸力も安定している。特に制限がない場合は、トルシア型が選択されやすい

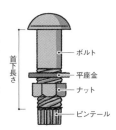

首下長さ
ボルト
平座金
ナット
ピンテール

高力六角ボルト

見た目は中ボルトそっくりなJIS規格の高力ボルト。締め付け方法には、ナット回転法、トルクコントロール法がある。手動のトルクレンチを使用して締め付けが可能。専用の締め付け機が必要なトルシア型ボルトでは施工できないような、狭いところでも施工できる

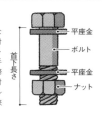

首下長さ
平座金
ボルト
平座金
ナット

※ ブラスト処理：小さな粒を対象面に噴射して表面を処理する方法

溶接の方法と種類

鉄骨造で用いられる代表的な溶接が、「アーク溶接」です。アーク溶接とは溶接棒と母材の間にアーク（放電現象）を発生させ、その高温で溶接棒と母材を溶かしながら接合させる方法です。溶接部への空気混入は溶接不良の原因となるため、空気遮蔽などの保護を行いながら溶接を行います。接合部形状による溶接の種類もさまざまで、接合部材や伝達応力などによって使い分けます。

溶接の方法

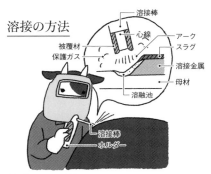

被覆アーク溶接

「アーク手溶接」ともいう。溶接棒をホルダーに取り付け、手動で操作して溶接を行う。別途供給のガスが不要で、現場での簡易な溶接に使用される。溶接棒はガス発生剤を含んだ被覆材（フラックス）で覆われ、熱を受け発生したガスで空気を遮断しながら溶接する。設備は比較的安価で風にも強く、室内外問わず手軽に利用しやすいが、品質は溶接工の技量よるところが大きい

ガスシールドアーク溶接

溶接工が行う構造体の溶接では最も一般的。溶接ワイヤーを取り付けたトーチを手動で操作して溶接を行う。コイル状になったワイヤーがトーチへ自動で送り出される。作業は手動で、ワイヤー供給が自動であることから「半自動溶接」と呼ばれる。トーチの先端からはワイヤーと同時にガスも別途供給され、作業時に溶接部を保護する。溶接速度も早く、作業効率がよい。現場作業の場合、風があるとシールドガスが乱されるため、十分な防風対策が必要になる

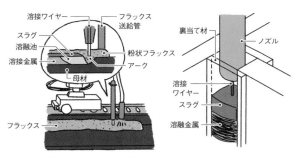

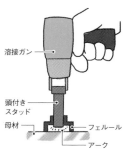

サブマージアーク溶接

開先部分に盛り用の粉状フラックス（媒溶剤）を山盛りにし、このなかに溶接ワイヤーを挿入して溶接する。フラックスにより溶接部は直接見えない。機械による自動溶接で溶接品質も高い。大型ボックス柱の組み立てなど、下向き・水平で連続的な溶接に適し、比較的大型の工場で行われる

エレクトロスラグ溶接

箱状に閉鎖された範囲に溶接ワイヤーを挿入し、箱の内側を溶融金属で埋めるように溶接する鉛直方向の自動溶接。板厚の大きな組み立てボックス柱の内ダイアフラムの取り付けなどに使用される

スタッド溶接

梁の天端などへ頭付きスタッドを取り付ける際に使用する。専用の機械を用いて、母材との接触部を電流により加熱・接合する。溶接は一瞬で終わり、「フェルール」と呼ばれる保護材で溶接部廻りをカバーして作業を行う

開先の継手形状

突き合わせ継手

同じ方向の板どうしを突き合わせたかたちの継手。柱や梁どうしの継手などで使用される。板の食い違いが起こらないよう、精度よく固定して溶接する必要がある

T継手

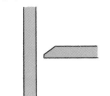

直交する板どうしの継手。仕口部の溶接などで使用される。上図のような取り合いでは、基本的に開先を設けるほうの板厚を、設けないほうの板厚以下に設定する

角継手

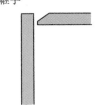

直交する板材がL字形となるコーナー部分の継手。ボックス柱の組み立てなどで使用される

溶接の種類

完全溶け込み溶接

> 基本的に裏当てを用いる

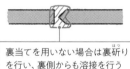

> 裏当てを用いない場合は裏斫りを行い、裏側からも溶接を行う

レ型、K型などの開先内をすべて溶接する。「フルペネ」とも呼ばれ、主要構造部の多くに使用される。接合部を完全に一体化させ、すべての応力を伝達する

部分溶け込み溶接

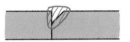

母材の一部に開先を取って行う溶接で、「パーシャル」とも呼ばれる。母材どうしは完全に一体にはならず、引張りや曲げモーメントが発生する箇所には使用できない

隅肉溶接

母材を直交にあてがい、ビードを外側に盛ることで溶接する。溶接ビードのせん断により力を伝達する。ガセットプレートの溶接などに使用される

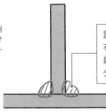

> 計算上は溶接長さすべてを有効とすることはできず、始端と終端の溶接サイズ分は無効として考える[※]

> 溶接の種類も適材適所！

フレア溶接

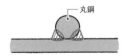

丸鋼と丸鋼、丸鋼と板材のような、開先がR状となる際に用いる溶接。引張リブレースと接合プレートの溶接などに使用される

スロット溶接

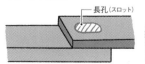

長孔(スロット)をあけた部材を別の部材に重ね、その長孔を埋めるように溶接する。孔をすべて埋めずに孔の際に沿って隅肉溶接する場合もある。「溝溶接」とも呼ばれる

プラグ溶接

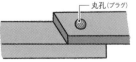

丸孔(プラグ)をあけた部材を別の部材に重ね、その丸孔を埋めるように溶接する。「栓溶接」とも呼ばれる

※ ただし、コーナー部で溶接を止めずにまわし溶接を行う場合はこの限りでない

溶接記号を知ろう

図面上では溶接の種類をわかりやすく記号化して表現します。これを「溶接記号」といい、溶接の種類のほか、長さ・ピッチ・ルート間隔・開先角度などの細かな情報も記入することができます。情報を簡略化し、どのような溶接を行うか一目でわかるように表示します。

溶接記号の構成

基本構成は、矢・基線・尾・基本記号・補助記号からなる。矢は溶接部を、基本記号は溶接の種類を示す。補助記号にはよく使用するものとして、現場溶接、全周溶接などがあり、必要に応じて記入する。尾は、仕上げ方法など特別な指示がある場合に設ける。指示は尾の後ろに記号などを用いて表示する

各溶接の表現例

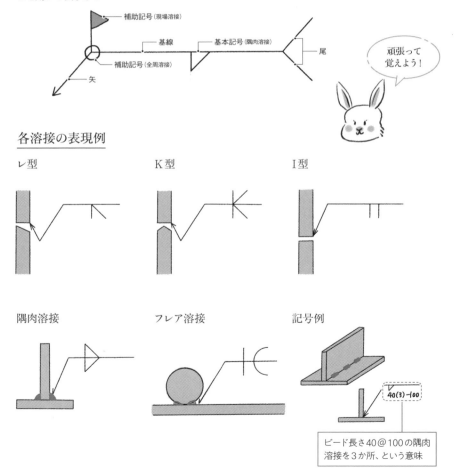

レ型

K型

I型

隅肉溶接

フレア溶接

記号例

40(3)-100

ビード長さ40@100の隅肉
溶接を3か所、という意味

現場溶接の注意点は？

溶接には、工場屋内で行う「工場溶接」と、施工現場で行う「現場溶接」があります。できる限り工場溶接としたいところですが、運搬できる製品の大きさには限りがあり、現場での接合は避けられません。現場溶接は工場よりも難易度が上がるため、溶接工にはより高い技量が求められます。健全な溶接が得られるよう、現場特有の作業条件を把握しておきましょう。

溶接に不向きな気象条件

現場溶接は気象条件の影響を受けやすい。雨天・降雪時は水分や湿気のために溶接欠陥が発生しやすく、感電の恐れもあるため溶接作業は原則行わない。湿度が高い場合は溶接棒の吸湿や母材の結露、風が強い場合はシールドガスの乱れにより、溶接欠陥が発生しやすくなる

作業場所付近の風速を測定し、制限速度を超える場合は作業を中止するか、防風対策が必要となる

気温が−5℃以下の場合は溶接を行ってはならない

風防ユニット

−5℃とかムリ

雨天・降雪時は溶接作業を行わない

安全な環境と姿勢の把握

現場での溶接は高所作業となるため、十分な作業環境を準備し、適切な姿勢による溶接品質の確保や、安全性の確保などを行う。溶接姿勢は下向きが基本だが、現場溶接では溶接方向が限定され、横向き・立向き・上向きなど比較的高い技術レベルが要求されるケースもある

下向き

上向き

立向き

横向き

溶接面の状態にも注意が必要。開先の表面にごみ、錆、油、水が残っていると溶接の支障となるため、溶接前に清掃・除去する

方向別に溶接資格があり、基本的には各作業姿勢に応じた有資格者が作業を行う

ひずみをコントロールするには

溶接を行うと、高温から常温へ冷却される過程で溶接部の収縮が起き、ひずみが生じる。骨組みの溶接では1スパンあたり数mmの収縮が起こるため、これを考慮した溶接の順序を考える必要がある。たとえば建物の中心から外側へ、紙のしわを伸ばすように、ひずみを外へ逃がしながら溶接を進めるなど、ひずみの影響が小さくなるような溶接計画を考える

中心からスタート！

内から外に伸ばす要領だね

継手のつくり方

継手は、部材を材軸方向につなぎ合わせる接合部です。現場で組み立てる鉄骨造の特性上、継手は必ず発生します。構造的には弱点となりやすいため、なるべく継手の数を少なくしたり、応力の小さい位置に設けたりすることを考えます。また運搬するトレーラーの荷台サイズや、クレーンで揚重できる重量なども考慮しながら、分割位置を検討します。通常は剛接合とし、連続する部材の一体性を確保します。高力ボルトによる接合が基本ですが、部材の形状や納まりの都合で現場溶接による接合も発生します。

梁の継手…高力ボルトによる接合

接続する部材どうしに架け渡した添板(スプライスプレート)を介して、高力ボルトにより接合する。すべてボルト接合となるため、施工は最も簡単。既製品サイズのH形鋼であれば、継手仕様は標準図(SCSS-H97)や各メーカーのカタログに断面サイズごとの標準仕様があるため、基本的にはこれを参照して添板やボルトの仕様・配置を検討する。梁せいが大きい場合や、高張力鋼を使用する場合には、必要なボルト数が増え、フランジの添板が長くなるため、周辺部材との納まりに注意

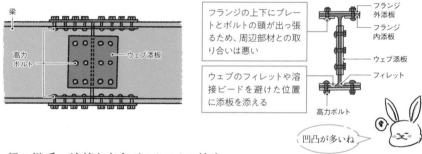

フランジの上下にプレートとボルトの頭が出っ張るため、周辺部材との取り合いは悪い

ウェブのフィレットや溶接ビードを避けた位置に添板を添える

凹凸が多いね

梁／高力ボルト／ウェブ添板／フランジ外添板／フランジ内添板／ウェブ添板／フィレット／高力ボルト

梁の継手…溶接と高力ボルトによる接合

フランジのみ現場溶接とし、ウェブは高力ボルト接合とする納まり。継手が露しとなる場合や、フランジボルトが仕上げの妨げになる場合などに採用される。フランジの溶接は裏当てを用いて下向き姿勢で行われる。そのため、基本的にウェブ上下にスカラップが設けられる。意匠性を高めたい場合は、ウェブまで現場溶接とする場合もある

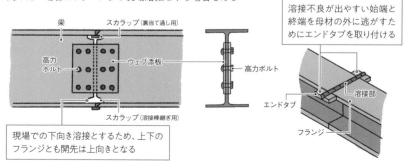

溶接不良が出やすい始端と終端を母材の外に逃がすためにエンドタブを取り付ける

梁／スカラップ(裏当て通し用)／高力ボルト／ウェブ添板／高力ボルト／スカラップ(溶接棒継ぎ用)／エンドタブ／溶接部／フランジ

現場での下向き溶接とするため、上下のフランジとも開先は上向きとなる

継手周辺の納まりのチェックポイント

ボルト接合の場合には、母材にはない特有の凸凹形状が発生するため、周辺部材との取り合いに注意したい

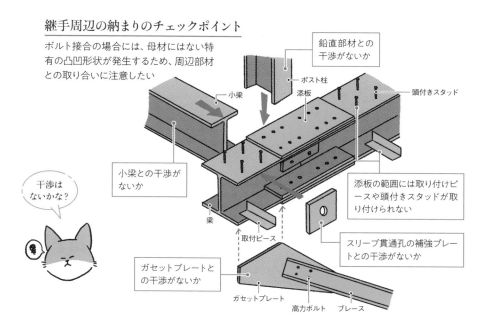

鉛直部材との干渉がないか

ポスト柱

添板

頭付きスタッド

小梁

小梁との干渉がないか

添板の範囲には取り付けピースや頭付きスタッドが取り付けられない

梁

取付ピース

スリーブ貫通孔の補強プレートとの干渉がないか

ガセットプレートとの干渉がないか

ガセットプレート

高力ボルト　ブレース

干渉はないかな？

柱の継手…角形鋼管の場合

角形鋼管柱の継手では、閉塞断面のためボルトが取り付けにくく、仕上げの妨げにもなるため、基本的には現場溶接が採用される。建方時、柱どうしを溶接で一体化するまでは、鉛直方向に長い部材を仮固定しておく必要がある。この仮固定用の治具を「エレクションピース」といい、溶接完了後には切断される。鋼管内にはさや管状の裏当てを取り付け、横向きの現場溶接を行う

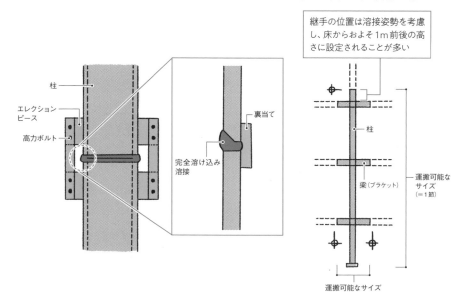

柱

エレクションピース

高力ボルト

裏当て

完全溶け込み溶接

継手の位置は溶接姿勢を考慮し、床からおよそ1m前後の高さに設定されることが多い

柱

梁（ブラケット）

運搬可能なサイズ（＝1節）

運搬可能なサイズ

仕口のつくり方

鉄骨造で仕口といえば、一般に「柱と大梁の接合部」を指し、「接合部パネル」や「パネルゾーン」とも呼ばれます。仕口の接合は架構形式[31～35頁参照]によって、剛接合またはピン接合にします。鋼管柱を剛接合とする場合、仕口には「ダイアフラム」と呼ばれる水平プレートが配置されます。ダイアフラムに梁フランジを取り付けることで、柱と梁の力のやりとりを安全かつスムーズに行えます。仕口の納まりは、ダイアフラムの配置の仕方によっていくつかの種類に分けられます。

仕口の種類

通しダイアフラム

最も一般的な納まり。仕口上下で柱を分割し、ダイアフラムを通して配置する。柱が複数に分割されるため、溶接接合部の性能が重要となる。また、柱の軸力によりダイアフラムには板厚方向の引張り力が発生するため、通しダイアフラムの材種にはC材[29、30頁参照]を用いる

内ダイアフラム

柱の内部にダイアフラムを取り付けたタイプ。柱の外周にダイアフラムによる出っ張りがないため、すっきりとした納まりとなる。梁フランジが取り付く柱は、板厚方向に力を受ける。柱の左右で梁に段差がある場合、柱内の段差受けとしても用いられる

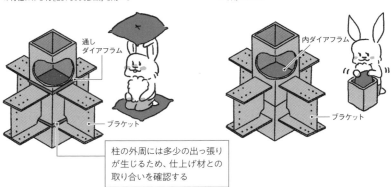

通しダイアフラム

ブラケット

内ダイアフラム

ブラケット

柱の外周には多少の出っ張りが生じるため、仕上げ材との取り合いを確認する

外ダイアフラム

柱の外側にダイアフラムを取り付けたタイプ。仕口が平面的に大きくなり納まりが悪く、最近はあまり使われていない

ノンダイアフラム

仕口部に厚板の柱材を設けて、ダイアフラムを省略する形式。各メーカーから既製品として発表されている。仕上げとの納まりもよく、段差梁や斜め梁の取り付けが容易となる

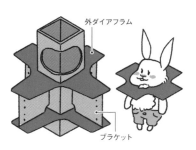

外ダイアフラム

ブラケット

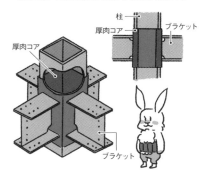

厚肉コア

柱

厚肉コア

ブラケット

ブラケット

仕口の一般的な納まり

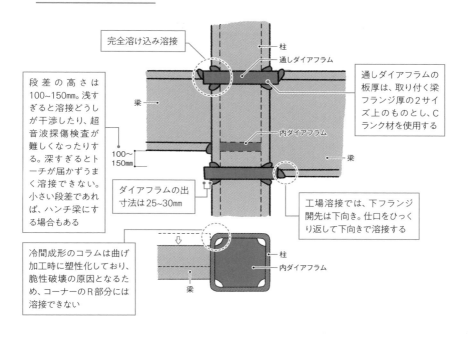

完全溶け込み溶接

柱

通しダイアフラム

通しダイアフラムの板厚は、取り付く梁フランジ厚の2サイズ上のものとし、Cランク材を使用する

段差の高さは100~150mm。浅すぎると溶接どうしが干渉したり、超音波探傷検査が難しくなったりする。深すぎるとトーチが届かずうまく溶接できない。小さい段差であれば、ハンチ梁にする場合もある

梁

内ダイアフラム

100~150mm

梁

ダイアフラムの出寸法は25~30mm

工場溶接では、下フランジ開先は下向き。仕口をひっくり返して下向きで溶接する

冷間成形のコラムは曲げ加工時に塑性化しており、脆性破壊の原因となるため、コーナーのR部分には溶接できない

柱

内ダイアフラム

梁

スカラップ（切り欠き）には要注意

スカラップとは、溶接線どうしの交差を防ぐなどの理由により設けられた、母材の切り欠きのことである。阪神淡路大震災では仕口のスカラップ周辺に応力が集中し、梁が破断した例が多く見られた。そのため、近年ではスカラップを設けないノンスカラップ工法が増えている。やむを得ず設ける場合も、改良型のスカラップ形状とする

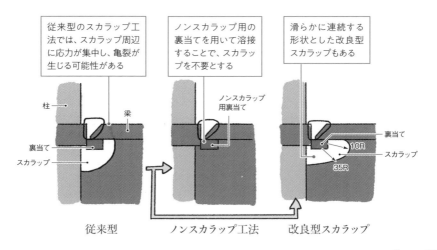

従来型のスカラップ工法では、スカラップ周辺に応力が集中し、亀裂が生じる可能性がある

ノンスカラップ用の裏当てを用いて溶接することで、スカラップを不要とする

滑らかに連続する形状とした改良型スカラップもある

柱

梁

裏当て

スカラップ

ノンスカラップ用裏当て

裏当て

10R

スカラップ

35R

従来型　　　　ノンスカラップ工法　　　改良型スカラップ

設備の納まりのポイントは？

建物内には設備配管が縦横に張り巡らされています。そのため、スラブや梁には配管用の貫通孔を設ける必要が生じます。梁に貫通孔を設ける場合は、大きさや位置に制限が設けられます。特に「ヒンジゾーン」と呼ばれる梁端部への配置は避けることが原則です。建物の大きな変形に対し、ねばり強い回転性能が求められる梁端部に断面欠損があると、持ち前のねばり強さを発揮しきれずに壊れてしまう可能性があるためです。貫通孔は着工したら早い段階で位置決定を行い、部材製作に反映させる必要があります。建方完了後に貫通孔の不足や位置の間違いが判明すると大変ですので、事前に十分な検討を行いましょう。

梁貫通孔の補強

在来工法では、補強プレートを張り付ける方法や、パイプを取り付ける方法、リブプレートによる補強などがある。また、リング状の既製品による補強も多く採用されている。既製品の場合は評定条件として、在来工法よりも孔径や配置の制限が緩和されているものもある

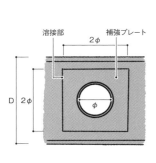

プレートによる補強の場合

貫通孔の許容範囲

$\phi \leqq 0.4D$

スラブ開口の補強

スラブの設備開口は、単独の小開口となる場合と、PSやEPSのようにある程度まとまった開口が設けられる場合で補強の要領が変わる。デッキスラブの例では、単独の小開口の場合、スラブ配筋による軽微な補強で済むが、大きな開口では補強用の小梁が必要になる場合もある。実際の現場では、小開口の集合体によってほとんど箱抜き状態となるケースもあるため、補強小梁の要否は早い段階で見抜いて対応する必要がある

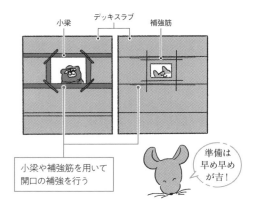

小梁や補強筋を用いて開口の補強を行う

準備は早め早めが吉！

取り付けピースの種類

柱や梁などの鉄骨部材には、現場工事での作業や安全のための仮設ピースや、仕上げや設備の取り付けピースなど、用途に応じてさまざまなピースが取り付けられます。構造材ではないため軽視されやすいですが、現場での場当たり的な母材への溶接は、構造部材の耐力低下の要因となるので、事前にきちんと計画を練ったうえで、ファブでの取り付けを基本とします。工事用の仮設材には既製品もあり、母材へ巻き付けたり挟んだりして固定することで、仮設ピースを必要としない製品も多く出ています。

エレクションピース

分割された柱を一体化するため、あらかじめ柱接合部に取り付けたピース。柱の4面に取り付ける。エレクションピースとスプライスプレートを高力ボルトで締め付けて、上階の柱を一時的に自立させた状態で継手の溶接を行う。溶接で上下の柱が一体化されると不要になるため、切断して撤去する

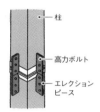

柱
高力ボルト
エレクションピース

親綱受け

安全用仮設ピースの1つ。安全帯（命綱）をひっかけるためのロープ（親綱）を柱間に渡す際に使用する。柱に溶接して取り付ける

柱
親綱受け
親綱

外装下地受けピース

胴縁などの外装材下地を受けるためのピース。柱や梁に取り付けられる。外壁の種類や取り付け方に応じたさまざまなピースが存在する

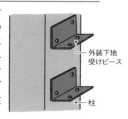

外装下地受けピース
柱

吊りピース

建方時に柱や梁を吊り上げる際に使用するピース。母材には溶接で取り付ける。吊り上げの際には孔部分にシャックル（吊り金物）を通して使用する

吊りピース
柱・梁など

デッキ受け

通常、デッキスラブは梁の上に載せるが、梁の継手部分ではスプライスプレートやボルトが干渉するため、直接取り付けることができない。そのため、フランジ側面にプレートを取り付けて、デッキスラブを受けられるようにする

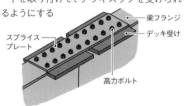

梁フランジ
デッキ受け
スプライスプレート
高力ボルト

仕上げ・設備受けピース

仕上げや設備を固定するための下地ピース。構造上重要な梁に直接孔を設けて取り付けることは避ける

梁
仕上げ・設備受けピース

ひずみ矯正で材料精度の向上を

加工時にひずみが生じた場合、矯正を行います。特にひずみが発生しやすい工程が溶接です。一時的に高温になった溶接部には、その後冷却されていく過程で縮もうとする力が発生します。その縮む力によって部材がひずみ、さまざまな変形が生じるのです。板厚が薄かったり、溶接による入熱が大きくなるほど、ひずみは大きくなります。ひずみ矯正は、常温状態でプレスあるいはローラーなどにより加圧して矯正する「常温加圧矯正」、または熱を利用して矯正する「加熱矯正」によって行われます。

溶接部のひずみ方

溶接によって部材や溶接部内に不均一に熱が入ることが溶接ひずみの原因となる

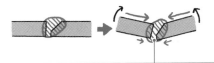

レ型開先の場合、開先の下面よりも表面側のほうが溶接量は多くなる。そのため冷却時の縮みも表面側のほうが大きくなり、縮み量の違いからひずみが生じ、溶接部はⅤ字型に折れ曲がるように変形する

フランジとウェブの隅肉溶接を行うと、溶接部の縮みにより、ウェブを起点にフランジが山形に変形する（角変形・横曲がり変形）

非対称な部材の溶接を行った場合、溶接したフランジ側のみが部材方向に縮んで、部材全体が曲がるように変形する（縦曲がり変形）

加熱矯正の注意点

加熱矯正では、バーナーなどを用いて部分的に加熱を行い、その後の冷却時の縮みを利用して正しいかたちに変形させる。急速に加熱して急冷させるほど、また加熱温度が高いほど矯正効果は高まる。ただし850〜900℃の赤熱状態（真っ赤になるまで熱した状態）で水冷を行うと鋼材が脆性化するなど、誤った方法では母材の性能を低下させる恐れがあるため、加熱温度や冷却方法には正確な管理が必要となる。また、どの程度の加熱・冷却でどの程度の変形が起こるかの判断には、作業者の経験値も重要となる

加熱矯正の主な方法

方法	焼き方	特徴
線状加熱（線焼き）		ひずみ矯正の基本で、加熱により板材に角変形を生じさせる
点加熱（お灸）		収縮力が大きく、主に薄板に用いられる
くさび形加熱（三角焼き）		部材の曲がりの矯正やしぼり加工に用いられる

塗装・防錆処理の方法は？

錆とは、金属が空気や水に触れ酸化することで発生する腐食です。構造体である鉄骨が腐食すると建物を支えられなくなるため、錆の発生は防止しなければなりません。鉄骨部材の防錆処理は、錆止め塗装や溶融亜鉛めっき処理によって行われます。ともに錆の原因となる空気や水を遮断する膜を形成することで、母材への浸食を防止します。

錆止め塗装

錆止め塗装の工程で最も重要なのが、「素地調整」である。素地調整とは、塗装前に行う鉄骨の表面処理のことである。たとえ性能の高い防錆材を使用しても、塗装面に汚れや錆が残っていれば母材に密着できず、根元から剥がれ落ちてしまう。素地調整の良否は塗装耐久性へ与える影響が非常に大きいため、防錆仕様に応じた適切かつ丁寧な素地調整が重要となる

塗装材は、エアレススプレーやローラーなどを用いて鉄骨材に塗布される。大半は工場作業だが、継手部などの一部は現場作業となる

溶融亜鉛めっき処理

防錆性能が高く、主に外部に露出する鉄骨に採用される。「ドブづけ」とも呼ばれ、めっき槽内の溶融した亜鉛に鋼材を浸し、鉄骨表面に高耐候の亜鉛を固着させる。部材の大きさはめっき槽に入るサイズとし、亜鉛の固着によって表面は銀色となる。高温となるため、特に薄板材ではひずみが生じやすい。板を厚くする、部材を対称形とするなど、なるべくひずみを防止するような形状を考えたい

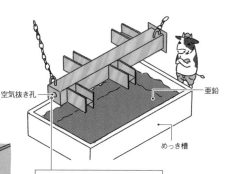

空気抜き孔

亜鉛

めっき槽

隅角部に設ける亜鉛溜まり防止用の空気抜き孔

スチフナプレート

内部が密閉される箱型断面には空気抜き孔を設け、密閉空気の膨張による爆発を防ぐ

素地調整の種類

種別	鉄骨の使用条件	防錆仕様	素地調整の方法	素地調整の程度
1種B	屋外露出で長期の耐久性が要求される場合	塗装	ブラスト処理	表面の黒皮（酸化被膜。ミルスケールとも）や錆が十分除去されている
		溶融亜鉛めっき	酸洗い	
2種	屋内隠蔽部など、比較的錆びにくい環境の場合	塗装	ディスクサンダーなどの工具	完全に付着した黒皮は残すが、そのほかの不安定な黒皮・錆は除去する

鉄骨加工の検査を把握しよう

ファブでは、着工から製品出荷までにさまざまな検査が行われます。各工程でさまざまな方法・人による多重的なチェックを行うことで、製品の品質確保や各種のミスを防ぎます。また、製作の難易度や形状に応じて追加的に実施される検査もあります。それぞれの建物特性に応じた適切な検査を適切な時期に行い、高品質な製品づくりを目指しましょう。

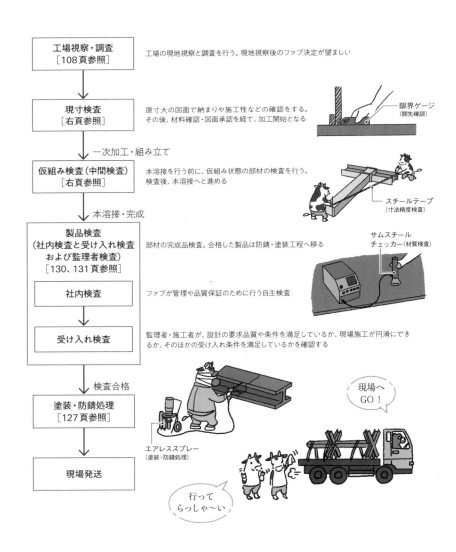

工場視察・調査 [108頁参照] — 工場の現地視察と調査を行う。現地視察後のファブ決定が望ましい

現寸検査 [右頁参照] — 原寸大の図面で納まりや施工性などの確認をする。その後、材料確認・図面承認を経て、加工開始となる

限界ゲージ（開先確認）

一次加工・組み立て

仮組み検査（中間検査）[右頁参照] — 本溶接を行う前に、仮組み状態の部材の検査を行う。検査後、本溶接へと進める

スチールテープ（寸法精度検査）

本溶接・完成

製品検査（社内検査と受け入れ検査および監理者検査）[130、131頁参照] — 部材の完成品検査。合格した製品は防錆・塗装工程へ移る

サムスチールチェッカー（材質検査）

社内検査 — ファブが管理や品質保証のために行う自主検査

受け入れ検査 — 監理者・施工者が、設計の要求品質や条件を満足しているか、現場施工が円滑にできるか、そのほかの受け入れ条件を満足しているかを確認する

検査合格

塗装・防錆処理 [127頁参照]

エアレススプレー（塗装・防錆処理）

現場へ GO！

現場発送

行ってらっしゃ～い

現寸検査・仮組み検査

製品検査の前段階において行う工場の立ち会い検査として、「現寸検査」と「仮組み検査」があります。現寸検査では主に、複雑な納まり部などについて実寸大図面での検証を行います。仮組み検査では主に、本溶接前の仮固定状態の製品確認を行います。一般形状の部材では省略されることもありますが、いずれも最終的な製品精度や品質向上につながる有用な検査です。

現寸検査

形状が複雑で、製作図のみでは十分に検証できない部分の実寸大図面を作成し、詳細部の確認を行う。工場視察を行っていない場合は、この機会にファブの諸能力を確認するとよい。早い段階でファブと設計者が直接打ち合わせできるメリットもある

実寸大図面

鋼製巻尺

バネばかり

図面は長尺フィルムに出力され、溶接、ボルトの締め付け、配筋、二次部材の取り付けなど工場や現場での施工性を確認する

「テープ合わせ」と呼ばれる、工場と施工現場の鋼製巻尺の誤差を確認し寸法基準をそろえる作業も、このタイミングで行われることが多い

仮組み検査（組み立て検査）

組み上がった仮固定状態の部材に対し、組み立て精度、溶接部の開先状態、裏当てやエンドタブの取り付け方、組み立て溶接の状況、治具の形状などの確認を行う。特殊な形状の製品ではよく行われる。特に溶接部については、健全な溶接が可能な状態かどうかを重点的に確認したい

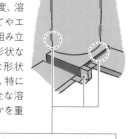

柱（仕口）

組み立て溶接の要領は正しいか、開先形状が正しいか、裏当てやエンドタブの取り付け方が正しいか、などを確認する

製品分割や構成パーツが多い部材では、組み立て時の製品精度を確認する

製品検査で確認すべきことは？

製品検査は鉄骨加工の最終検査として行われ、これに合格した製品が防錆・塗装処理の工程を経て工事現場へ出荷されます。製品検査は、「社内検査」と「受け入れ検査」に分かれます。社内検査とは、工場が自社で行う自主検査です。受け入れ検査は監理者や施工者によって行われる検査で、製作図どおりに加工されているか、設計の要求品質を満たしているか、現場施工において問題ないか、などの確認を行います。工場にて書類や対物（実際の製品）による各種の検査を行い、合否の判定を行います。

受け入れ検査の検査項目

下記項目について、書類および対物の検査を行う。対物の検査は、基本的に抜き取り検査によって行われる。これ以外にも、工場締め高力ボルトの締め付け検査、塗装検査、施工上必要な検査、鉄筋コンクリート工事関連の検査などが必要に応じて行われる

主な検査項目

検査名	内容
寸法精度検査	製品の実測による寸法や精度の確認
取り合い部検査	製品の現場接合部廻りの確認
外観検査	溶接および部材の表面状態の確認
溶接部の内部欠陥検査	測定機器を用いた溶接部の内部検査
材質検査	書類や測定機器による鉄骨部材の材質確認
付属金物類検査	仮設・設備・仕上などの付属ピースの取り付け状況確認
スタッド溶接検査	外観や打撃曲げ試験によるスタッド溶接部の健全性の確認
社内検査状況の確認	検査記録などによる社内検査の結果・状況の確認
出来高確認	出来高表などによる製作の進捗状況の確認

全部チェックするよ！

書類検査

まずは工場事務所に集合し、検査の概要説明や書類確認などを行ってから対物検査を行うのが、受け入れ検査の通常の流れ

書類の検査では、社内検査記録により寸法精度・取り合い部・外観などの各項目や、ミルシート[※1]による鋼材の材質、溶接部の内部欠陥検査の結果表、出来高表などを確認する

寸法精度検査

基本寸法[※2]や精度を、製品の実測によって確認する。寸法精度の許容差には、限界許容差と管理許容差がある。限界許容差は超えてはいけない最終ラインとしての許容値、管理許容差は95％以上の製品が満足するような製作上の目標値で、これらを用いて合否判定を行う[※3]

ねじれやゆがみは、製品の対角寸法を計測して確認する

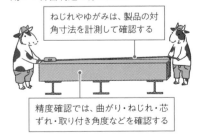

精度確認では、曲がり・ねじれ・芯ずれ・取り付き角度などを確認する

※1 ミルシート：鋼材メーカーが発行する鋼材の品質証明書
※2 基本寸法：部材長さ・階高・部材せい・幅・仕口部長さなど
※3 建物規模や形状によっては累積誤差表を作成し、許容差内に収まっている個々の製品誤差が、建物として累積された場合の誤差確認を行う

取り合い部検査

高力ボルトや溶接による現場接合部周辺の確認を行う。高力ボルト接合部では、ボルト孔の芯ずれ、間隔のずれ、まくれ、バリや摩擦面の処理状態などについて確認する。溶接接合部では、溶接面の開先形状・開先状態・スカラップ形状などを確認する

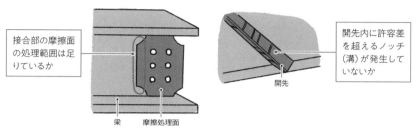

接合部の摩擦面の処理範囲は足りているか

梁　　摩擦処理面

開先

開先内に許容差を超えるノッチ(溝)が発生していないか

外観検査

主として「溶接外観検査」と「部材表面検査」に分けられる。溶接外観検査では、溶接の表面形状・溶接寸法・表面欠陥などの確認を行う。部材表面検査では、部材の表面や切断面などの傷の有無について確認を行う

溶接外観検査のチェックポイント

表面形状ではビード表面の不整・クレータ処理状況、ビードのつなぎ目、脚長不ぞろいの状況などを確認する。また溶接寸法ではサイズ・余盛高さなど、溶接表面欠陥では、アンダーカット・割れ・オーバーラップ・ピットなどを確認する

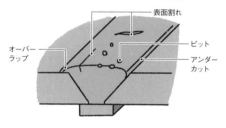

表面割れ

オーバーラップ

ピット

アンダーカット

部材表面検査のチェックポイント

表面傷・ノッチ・アークストライクの有無などを確認する

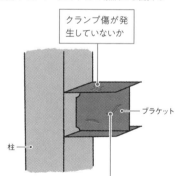

クランプ傷が発生していないか

ブラケット

柱

アークストライク(溶接ワイヤーなどの不用意な接触による切り欠き)が生じていないか

溶接部の内部欠陥検査

溶接部の内部の欠陥の有無について確認を行う。検査は一般に、超音波の反射を利用して溶接内部の傷を確認する超音波探傷検査によって行われる。工場が自社で実施するほか、第三者検査機関による検査も行われる

パルス発振器

受信器

表示器

探触子　　モニター(表示器)

音波の反射(エコー)によって傷の有無を調べる。傷がなければ底面で反射し、傷があれば底面よりも先に音波が戻ってくる。エコーの大きさで傷の大きさ、反射の時間で傷の位置がわかる

ロール発注とは？

鉄鋼メーカーに加工の素材となる鉄骨部材を発注することを「ロール発注」といいます。柱で使用する角形鋼管や梁で使用するH形鋼など、その工事で必要な部材をまとめて発注します。ファブはこれらの部材が納入されないと、加工や製作を始めることができません。しかし鉄鋼メーカーは注文を受けてから部材製造を行うため、ロール発注の納期には時間がかかります。一般的には数か月、特殊なものだと半年以上かかる場合もあります。またその時々の需給のバランスによっても納期は前後します。そのため、現場の工程に間に合うよう適切な時期にロール発注を行う必要があります。

ロール発注の時期に注意

鉄骨の製作図は、図面作成後に検討・チェックを繰り返し、承認される。製作図がすべて完成・承認された後にロール発注を行うのが理想的だが、実際はそのタイミングでは建方開始に間に合わないケースが多い。そこで、伏図や軸組図などの一般図を先行して作成・確認し、大まかな数量を確定させた段階でロール発注を行うなど、工程の工夫も必要となる。着工から建方開始までの時間は現場ごとに違うため、適切な時期に発注できるよう工程管理を行う

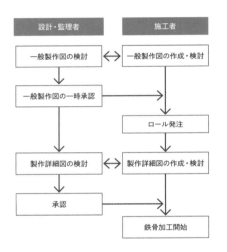

ロール品と市中品の違い

ロール品とは、鉄鋼メーカーに部材製造から依頼して入手する部材のこと。ある程度まとまった鉄骨数量が必要な場合は、基本的にロール発注によって部材入手を行う。冷間成形の角形鋼管などは、圧延工程のほかに、曲げ加工や溶接を行うコラム製作工程が加わるため、一般のロール品よりも納期が長くなる傾向がある。また、複雑な接合部で用いられる鋳鋼品やTMCPなどの高張力鋼、制震ダンパーに使用される低降伏点鋼など、特殊な鋼材は納期が長いものが多いため、設計時の採用検討の際にも注意が必要である。対して市中品とは、市場に在庫として流通している部材のことを指す。少量の部材や板材などは市中品で対応する場合が多い。ロール発注に比べ納期は短い

先行発注は、工程短縮に大きな効果を発揮する一方、その後の計画変更やコストに対してのリスクが生じるから、慎重な判断が必要だね

ちなみに「ロール」とは、圧延工程で使用される回転ロールのことを指すよ

第5章 鉄骨造の施工

鉄骨造の建物は、超高層ビルから工場、スタジアム、展示場など、その用途は多岐にわたります。また、施工計画の立案・実行を綿密に行う必要があり、まさに施工者の腕の見せどころです。この章では、一般的な事務所ビルをベースに、鉄骨造の着工から竣工までの施工のポイントをまとめました。基本設計から始まった長い道のりのなかで見ればゴールはもうすぐそこですが、ある意味ここからが正念場です。

鉄骨造の各種工事と工期

工期は建物の規模、敷地の条件などにより大きく前後しますが、一般的には同規模の RC造に比べ、鉄骨造のほうが短いといわれています。鉄骨造はあらかじめ工場で骨組みを加工した状態で現場に搬入し、プラモデルを組み立てるように建てていくためです。着工から竣工までの大まかな手順と工事期間は以下のようになります。ただし、実際は複数の工事が並行して進められるため、工期は単純な足し算にはなりません。また、安全性に配慮して、作業場所が重ならないようにするなどの対応が必要となります。

①準備工事…約1か月［144頁参照］

敷地周辺の調査、敷地測量の再確認、近接建物の家屋現況調査、電気・水道などの仮設インフラの引き込み、工事用の道路の「乗り入れ」［※］の設置、仮囲いの設置、仮設事務所の立ち上げ、官庁への各種届出の作成・報告、施工計画の立案などを行い、工事がスムーズに進むよう準備する

②山留・地業工事……約2か月［145、146頁参照］

建物を支える地盤に対して行う基礎工事。支持地盤が深い場合は杭基礎になり、支持地盤が浅い場合や、深くても軽量な建物の場合は、直接基礎や地盤改良地業が採用される。杭地業の種類には鋼管杭、PHC杭、場所打ち杭などがある［87頁参照］

③基礎・地下躯体工事……約4か月［147～151頁参照］

建物の足元を固めて、建物の荷重を地面に伝える基礎をつくる工事。一般的に基礎はRC造で、基礎フーチング、地中梁、耐圧版などで構成される。地下躯体はSRC造になることが多い

④鉄骨工事……約2か月［152～159頁参照］

鉄骨の柱と梁をクレーンで組み立てていく。建物の骨格をつくる大変重要な工事となる。高所かつ不安定な場所での作業になるため、安全には細心の注意を払って工事を進める必要がある

※ 乗り入れ：敷地に工事車両が入れるように歩道を一時的に改修して、切り下げること。竣工後、元のかたちに復旧する

⑤床工事
……約3か月［163〜166頁参照］

鉄骨工事が終了したところから、外装や内装を進めるための第一歩となる床工事に着手する。デッキを敷いた上に鉄筋を配筋し、コンクリートの床を築造していく

⑥外装工事
……約4か月［167〜179頁参照］

鉄骨工事の進捗に合わせ、並行して外壁を取り付ける外装工事を行う。ALCパネル、ECP、サンドイッチパネル、アルミサッシ、アルミカーテンウォールなどが使用される

⑦設備工事
……約6か月［198〜200頁参照］

空調設備、電気設備、衛生設備、昇降機などの配線・配管を設置する。建物を生かすために欠かせない工事であり、鉄骨が生き物の体の骨格とすると、設備は血管や神経、内臓のようなものといえる。なお電気設備は基礎工事の段階から準備工事が始まっている

⑧内装工事
……約6か月［180〜197頁参照］

間仕切壁・建具・金物などの設置や、塗装・クロスなどの仕上げを行う。部屋を区画し、床・壁・天井の表面を仕上げ、快適な空間を構築する。きれいな仕上がりになるよう、細部の納まりに気を配る

⑨試験調整
……約1か月［204、205頁参照］

仕上げ具合、設備の機能、可動部の確認などの調整・自主検査を経て、設計者、官庁検査を受ける。これらの検査に合格すれば、建築主事もしくは指定確認検査機関からの検査済証を受け、建物の使用が可能になる。建築主の検査後に引き渡しとなる

細かくチェックします

総面積1万㎡、地下1階地上10階建て程度の規模なら、全体で1年半前後が目安かな！

工事管理と工事監理の違いは？

「管理」と「監理」、読み方は同じですが、意味合いは異なります。「管理」は工事が計画どおり進められているか、建設時のさまざまな工程や要素のバランスをとりながら調整して工事を進めていくことを指し、施工者の仕事になります。一方「監理」は、設計図書どおりに工事が進められているかをチェックすることを指し、工事監理者が建築主に代わって検査を行います。「監理」は建築士の独占業務になります。

施工者が「管理」すべきこと

現場の管理は、"QCDSE"を念頭に置いて行うことが求められる。QCDSEとは、Q（クオリティ＝品質）、C（コスト＝原価）、D（デリバリー＝工程）、S（セーフティ＝安全）、E（エンバイロンメント＝環境）を総称する言葉で、建設時に施工者が配慮すべき重要なポイントとなる。要求される品質をつくり込み、安全かつ契約工期どおりに完成するよう、バランスを考えて進めていかなければならない

工事監理者が「監理」すべきこと

設計図書とは、設計図だけではなく、請負契約書、建築確認申請書、構造計算書、仕様書、質疑応答書、設計変更指示書などが含まれる。監理者はこのすべてをよく理解し、現場の工事がそのとおり進められているか、確認しなければならない

工事監理者は工程ごとに、立ち会い確認・書類確認、両者の併用での確認を行い、現場が設計図書どおりに進んでいるかを確認する。立ち会う検査については あらかじめ工事監理計画書で明確にしておく

敷地への搬入方法を検討しよう

施工計画は、設計図書に基づいて安全に、効率的に建築工事を進めるために施工者が立案します。実際に建築する敷地にはさまざまな制約があるので、工事着手前に綿密に調査することがとても重要です。特に鉄骨工事の場合は、工場で加工され柱や梁のかたちになった状態で運ぶため、運搬・搬入の際に、幅・長さ・重量が実際の道路状況と合致しているか確認することが重要です。柱などで長いブラケットが出ていると幅が超過してしまい、運べないこともあるので注意しましょう。

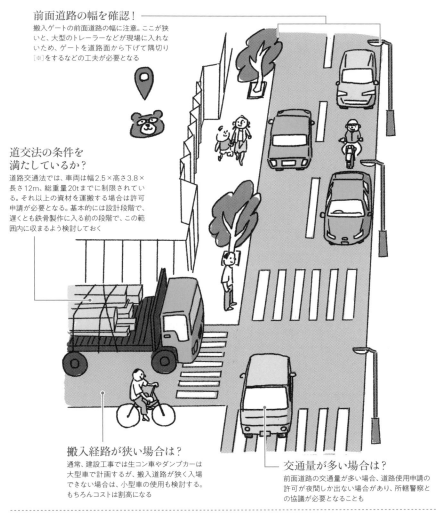

前面道路の幅を確認！
搬入ゲートの前面道路の幅に注意。ここが狭いと、大型のトレーラーなどが現場に入れないため、ゲートを道路面から下げて隅切り[※]をするなどの工夫が必要となる

道交法の条件を満たしているか？
道路交通法では、車両は幅2.5×高さ3.8×長さ12m、総重量20tまでに制限されている。それ以上の資材を運搬する場合は許可申請が必要となる。基本的には設計段階で、遅くとも鉄骨製作に入る前の段階で、この範囲内に収まるよう検討しておく

搬入経路が狭い場合は？
通常、建設工事では生コン車やダンプカーは大型車で計画するが、搬入道路が狭く入場できない場合は、小型車の使用も検討する。もちろんコストは割高になる

交通量が多い場合は？
前面道路の交通量が多い場合、道路使用申請の許可が夜間しか出ない場合があり、所轄警察との協議が必要となることも

※ 隅切り：出入口の仮囲いが直角になっていると車の出入りの障害となるので、隅部を斜め45°に切り欠いて出入りを容易にすること

クレーン（揚重機）の種類

建設工事を進めるうえで、高所に重量物を揚重する（引き上げる）クレーン（揚重機）は欠かせません。クレーンには「定置式」と「移動式」があり、それぞれの特徴を総合的に理解して、どのクレーンで工事を進めるかを検討します。具体的には、敷地の大きさと建物や前面道路との関係を見定めながら、クレーンの選定を行います。コストは定置式のほうが大きいので、まずは移動式で可能かどうかを検討します。

定置式クレーンの種類

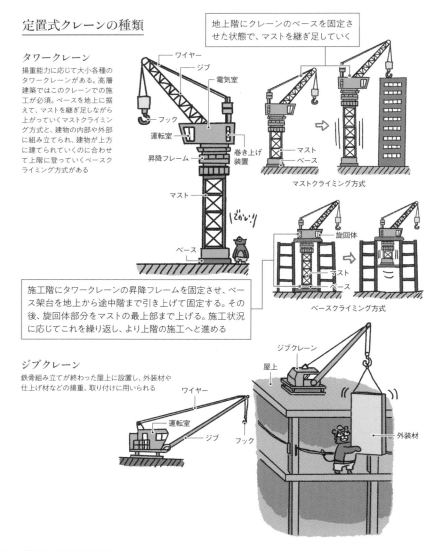

タワークレーン

揚重能力に応じて大小各種のタワークレーンがある。高層建築ではこのクレーンでの施工が必須。ベースを地上に据えて、マストを継ぎ足しながら上がっていくマストクライミング方式と、建物の内部や外部に組み立てられ、建物が上方に建てられていくのに合わせて上階に登っていくベースクライミング方式がある

地上階にクレーンのベースを固定させた状態で、マストを継ぎ足していく

ワイヤー
ジブ
電気室
フック
運転室
昇降フレーム
巻き上げ装置
マスト
マスト
ベース
ベース

どっこいしょ！

マストクライミング方式

施工階にタワークレーンの昇降フレームを固定させ、ベース架台を地上から途中階まで引き上げて固定する。その後、旋回体部分をマストの最上部まで上げる。施工状況に応じてこれを繰り返し、より上階の施工へと進める

旋回体
マスト
ベース

ベースクライミング方式

ジブクレーン

鉄骨組み立てが終わった屋上に設置し、外装材や仕上げ材などの揚重、取り付けに用いられる

ジブクレーン
屋上
ワイヤー
運転室
ジブ
フック
外装材

移動式クレーンの種類

ラフテレーンクレーン

4輪操舵で小回りが利く移動式クレーン。不整地
走行性能に優れ、公道も走行できるので1日単位
での発注・使用ができ、使い勝手がよい。現在、現
場で見られるクレーンはほとんどがこのタイプ。最
大吊り上げ能力は5〜100tくらいまで、さまざまな
タイプがある

オールテレーンクレーン

タイヤ自走式で、クレーン操作室とは別に運転席がある。公
道の走行が可能で、多軸（タイヤが6輪以上付いている）の
ため、不整地の走行も可能。ラフテレーンクレーンより大型
のものがよく使われるが、大型の場合はすべてのパーツを
装備すると重量の関係から公道を走行できなくなるため、一
部解体して運び、現場で組み立ててから作業を始めること
になる

クローラークレーン

無限軌道（クローラー）で走行するクレーン。
ブーム（腕）自体がトラスで軽量なため、クレ
ーンから離れた位置でもかなりの重量物を吊
ることができる。現場にはパーツの状態で搬
入され、現場でクレーンの組み立てを行うた
め、一定期間、継続的に使用される場合に採
用される

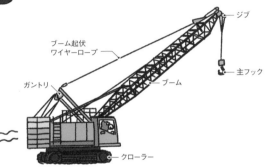

クレーン選定の注意点

吊り上げ能力と鉄骨の重量は見合っているか？

クレーンは安全に吊り上げられる荷重（吊り上げ荷重）が
決まっている。これは
旋回半径によっても変化するため、施工計画において、クレーンの最大吊り上げ
能力と吊り荷の荷重をよく把握しておくことが非常に重要である

> 特に移動式クレーンは定置式よりも転倒の
> リスクが高く、能力以上の重量を吊り上げる
> と、転倒など重大な事故につながってしまう

施工地盤の強度は十分か？

施工地盤が弱い場合、吊り上げ能力の範囲内でも転倒する
危険性がある。地盤改良や鉄板敷き込みなどを行い、移動
式クレーンの重量をしっかり受け止められるように準備して
おくことが重要

> アウトリガー（車体から腕のよ
> うに張り出す転倒防止装置）
> を完全に張り出すことも重要。
> 中間張り出し［※］の場合は能
> 力が制限されるので注意

※ 中間張り出し：アウトリガーは全開するのが原則だが、設置場所の状態によっては1/2や1/3程度張り出しての作業も可能である

鉄骨の組み立て方式は?

鉄骨の組み立て(建方)は敷地条件や規模によって、最適な方法を取捨選択します。たとえば都市中心部と郊外の建物では、施工条件が異なります。都市の中心部では敷地いっぱいに建物が建つことが多く、なおかつ工事作業用のスペースを敷地の外に設けることができません。そのため、建方を「建て逃げ式」で行い、最終的に前面道路から組み立てるか、「水平積み上げ式」で行うかの選択をします。一方、郊外の建物では周辺に作業用のスペースを十分に確保できるため、建方の手順は「建て逃げ式」でも「水平積み上げ式」でも、どちらも採用できます。

水平積み上げ式・積層式

水平積み上げ式は、建物の1節分[※]の鉄骨建方を完了させてから、順次、上の節へと進める建方方式。移動式クレーンでも、定置式クレーンでも施工可能[138、139頁参照]で、超高層ビルはこの方法が必須。一方、鉄骨組み立てから床工事までを1階分ずつまとめながら、上階の鉄骨組み立てを進める「積層工法」は、水平積み上げ式の発展形で、安全性が高まる

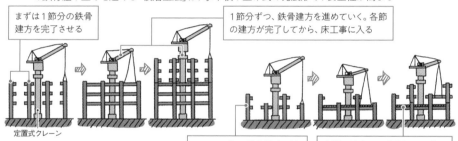

まずは1節分の鉄骨建方を完了させる

定置式クレーン

1節分ずつ、鉄骨建方を進めていく。各節の建方が完了してから、床工事に入る

1フロア分の鉄骨建方が完了したら、床工事を先行する

上階の建方と同時進行で下階の床工事・外装工事が進んでいく

建て逃げ式

1階から最上階まで、敷地の奥のほうから組み上げ、順次、敷地手前に逃げながら(移動しながら)組み上げていく方式。狭い敷地でも施工できるが、建物高さには移動式クレーンの揚重能力による制限がある。敷地いっぱいに建物が計画されている場合に向いている。不安定な状況で最上階まで鉄骨を組み立てるため、施工時の安定性の検討が必要となる。クレーンの運転台後方のカウンターウェイトと鉄骨の干渉や、クレーンのブーム(腕)とすでに建てた鉄骨との干渉など、検討項目は多い

建て逃げ式・移動式クレーンで施工する場合、建物高さは40m前後以内が目安

奥の鉄骨組み立てが最上階まで完了したら、その手前部分の鉄骨組み立てに入る

鉄骨組み立ての最後のほうは、道路使用許可を得て、道路から建方を行うこともある

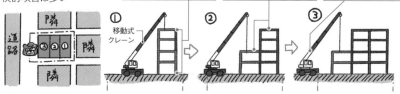

① 移動式クレーン ② ③

※ 節:建物を高さ方向に分割した単位。鉄骨造の場合、柱は2～3階分を1節として、1節ごとに工場で製作することが多い

足場の種類

市街地では特に、隣地境界線と建物の間隔は非常に小さいので、本格的な足場は組めません。外装の仕様、仕上げの種類のほか、どのような足場を架けて安全に作業するべきかについても、施工計画時の検討が重要です。吹付けのような仕上げは飛散防止が難しいので、ローラーで塗れる仕上げ材を選定することも重要です。

鋼製枠組み足場

竪枠、布板、ブレースなどの規格仮設部品を現地で組み立てて足場にする。鋼製のため堅牢で、かつ足場の幅は600～1,200mm程度確保できるため、安全な足場を提供できる。市街地では足場の外周側にメッシュシートなどを張り、飛来・落下災害への安全対策を施す

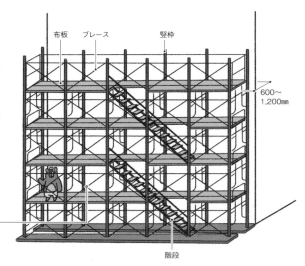

布板　ブレース　竪枠

600～1,200mm

近年では足場の組み払しの段階で、手摺りが先行して取り付けられている安全な状態で作業できる足場が採用されるようになってきている

階段

単管ブラケット足場

市街地で隣接建物との離隔が小さい場合は鋼製枠組み足場が組めないため、安全性は落ちるが、やむなく単管ブラケット足場を採用する場合もある。作業床の幅が十分に取れないため、作業中の安全帯の完全使用など、安全上の管理点が増えるので注意

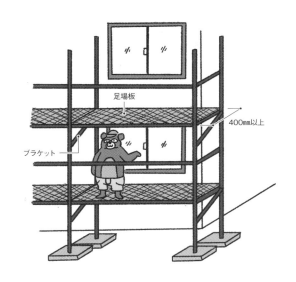

足場板

400mm以上

ブラケット

プロモーション工程の立て方

鉄骨工事は鉄骨製作に時間がかかるため、現場での組み立て開始時期の数か月前から製作を開始する必要があります。また鉄骨本体だけではなく、設備のスリーブ、外装下地、内装の取り付けピース［125頁参照］など、多くの仕上げ関連のものもあらかじめ工場で仕込む必要があるので、いつまでに何を決めるかという工程（プロモーション工程）を綿密に立てておかないと、製作が頓挫してしまいます。

プロモーション工程の例

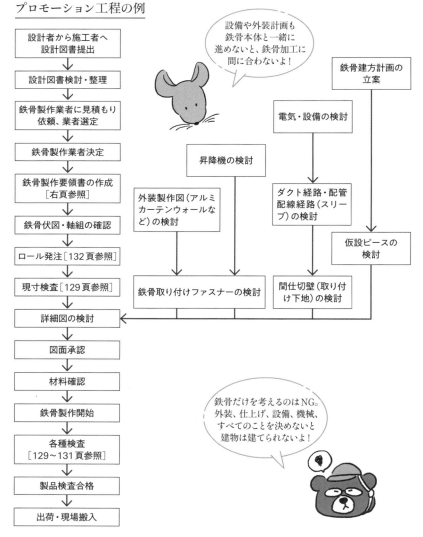

製作要領書の作成のポイントは？

鉄骨の設計や製作仕様は、設計事務所やファブによって細かい差異があるため、鉄骨製作開始前に製作要領書を作成し、設計者、施工者、ファブの間で認識を統一しなければなりません。また、鉄骨製作の順番は工事現場での組み立て手順に合わせて製作していくため、鉄骨製作要領書の作成時に、ファブと現場の間ですり合わせをしておくことも大切です。

鉄骨製作要領書の概要・確認ポイント

項目	概要	確認ポイント
総則	準拠仕様・準拠図書など	
工場の概要・組織	工場の概要、資格者（溶接・検査など）、体制など	・工事に従事する工場の担当者と各作業部門の担当者を確認する（工場の組織図により確認する） ・工事に適合した機械設備であることを確認する ・ロボットの種類とオペレーターの資格を確認する（近年、柱溶接はロボットを採用することが多い） ・品質管理の体制を確認する（各担当者の役割、責任範囲、検査の頻度、時期など）
工場製作の工程・概要	製作手順、検査の時期、方法など	・製作工程表と施工区分を確認する ・使用する鋼材の材質、製造会社名および識別方法（識別色）を確認する
加工・組み立て	加工の精度基準、摩擦面の処理、ロボットの活用ルールなど	・組み立てと溶接手順を確認する
溶接	資格者の一覧、溶接のルール、予熱・パス間温度の管理、ロボットの活用ルールなど	・工事に従事する溶接技能者名と資格を一覧表より確認する ・溶接する部位ごとに使用する溶接材料の種類、製造会社名、ワイヤ径などが明記されているかを確認する
製品検査	精度基準、超音波探傷検査など	・製品検査の要領を工事監理者・施工者と協議する
塗装・保管	塗装の仕様、塗布範囲など	
運搬	建方計画、搬入経路、待機場所など	

要チェック！

ファブによって細かな違いがあるので、注意深く確認しよう！

事前の調査・準備でリスクを減らそう

工事はどんなに気をつけても、騒音・振動や交通量増加などによって敷地周辺の人びとにご迷惑をおかけすることは避けられません。工事の予定をあらかじめ伝えておくなど、コミュニケーションをよくとり、周囲の人びとの理解を得ながら進めていくことが大切です。また施工準備として、建物周辺の埋設物（主にインフラの配管、ガス、水道、電気、通信など）の事前調査、近隣建物の家屋調査などを必要に応じて行います。

近隣への事前説明で円滑な工事へ

着工前に近隣住民に挨拶回りをし、工事の施工計画、工事車両の通行、周辺道路の安全確保のための施策、全休日、現場の工事開始・終了時刻などを説明し、工事への協力をお願いする。状況に応じて近隣説明会などを開催することも

事前調査・家屋調査

事前に敷地周辺の既存家屋の状況を調査し、壁にひび割れなどがあれば写真・記録を残しておく。周辺の家屋に損傷が出た場合、工事後に写真や記録と比較すれば、工事の影響か否かを判断できる

建物周辺の埋設物の調査も必ず行うこと（電気・ガス・水道・電話など）

まずは地業工事からスタート！

施工計画・資材発注などの準備を終えたら、いよいよ着工です。最初に行うのが地業工事。地震やさまざまな外力に対して、建物を安全に確実に支えるよう建物基礎から下の部分を固める、非常に重要な工事です。支持層が浅い場合は直接基礎となり、支持層が深い場合は杭地業工事となります。本来は設計段階で完璧な杭長さの設定がなされているのが理想ですが、地中の状況は事前に行う地盤調査[47頁参照]でも完全には把握できないため、監理者や施工者は現場の施工状況に応じた適切な判断を求められます。

支持杭のポイント

強固な地盤に杭先端を到達させ、建物の荷重を支持する。地盤調査はすべての箇所では実施されていないので、実施工中に杭の先端が確実に支持層に到達しているかを確認することが非常に重要となる。確認方法は既製杭、場所打ち杭、それぞれの要領書に基づいて確実に実施する。杭先端が正しく支持層に到達していないと、不同沈下などの大きな品質事故につながるので、監理者と施工者は特に注意が必要

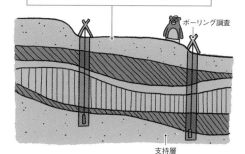

ボーリング調査では、調査地点の間は均一な傾斜の地盤と推測してしまうことが多い。杭の先端が支持層に到達しているか、施工時にすべての杭を確認することが重要となる

ボーリング調査

支持層

摩擦杭のポイント

杭の周面の摩擦力を使い、建物の荷重を支持する杭。支持層が非常に深い場合など、支持層まで到達しない状態でも杭を設計できるため、経済的ではある。ただし液状化などにより支持力が失われることもあるため、信頼性は支持杭に比べて落ちる。杭の表面積に応じて摩擦力を計算するので、設計図書どおりの杭の長さを確保することが重要となる。また根切りの際に、杭周辺の地盤を乱さないように注意する

摩擦杭

直接基礎のポイント

支持層が浅いところにある場合は、杭は不要となり、建物の重量を直接支持地盤に預けることができる。根切りの最終時点（床付け）で根切り底の地盤を乱さないよう注意する。通常は平板載荷試験を行い、設計で求める地耐力が得られているかを確認する

バックホー（実荷重）

オイルジャッキ・カ計
試験地盤面
載荷板
アルミブリッジ

小規模なら地盤改良工事を

地業工事には地盤改良工事も含まれます。支持層までの距離が短い場合や、住宅のように比較的小規模・軽量な建物の場合には、杭地業の代わりに地盤改良工事が採用されます。セメントと地盤を攪拌して地盤の強度を高めるために、所定のセメント量が投入されます。所定の深さまできちんと攪拌されているかが監理ポイントになります。

地盤改良工事の流れ

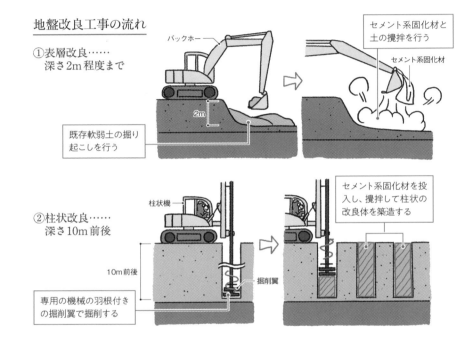

①表層改良……
　深さ2m程度まで

バックホー

セメント系固化材と土の攪拌を行う

セメント系固化材

2m

既存軟弱土の掘り起こしを行う

②柱状改良……
　深さ10m前後

柱状機

セメント系固化材を投入し、攪拌して柱状の改良体を築造する

10m前後

掘削翼

専用の機械の羽根付きの掘削翼で掘削する

地盤改良工事のチェックポイント

土質の確認

セメントの固化を阻害する土質かどうか、事前調査を行う

地盤調査報告書

セメント系固化材の投入量の確認

改良範囲を定め、事前調査により設定された配合計画に見合う改良材を用意する。必要量の固化材を塗布したら、バックホーで均一に攪拌する

最後にフェノールフタレイン反応（アルカリ性に反応し、無色から赤色に変化する）で攪拌されているかどうかを確認する

アンカーボルトの設置手順は?

地業工事が終わったら、基礎工事に入ります。まずはRCの基礎に鉄骨を建てるために、コンクリート打設前にアンカーボルトを所定の位置にセットしておき、コンクリートに打ち込みます。この位置は鉄骨の組み立て精度に大きく影響するため、正確な位置にセットすることが非常に重要です。万一、位置が狂った場合には「台直し」という修正方法もありますが、コスト・工期だけでなく、品質上も望ましくないので、しっかりとアンカーフレームを準備して、正しい位置にセットしましょう。

基礎工事・アンカーボルトの設置の手順

製作図の作成 → 設置下地の配置 → レベルコンクリート打設 → アンカーフレーム(アンカーボルト)の設置・確認 → 基礎配筋・型枠の施工[148・149頁参照] → コンクリート打設[150・151頁参照] → 打設後の位置の確認

①製作図の確認

アンカーフレームの製作図を作成し、基礎鉄筋が干渉しないように基礎配筋図を調整する。通り芯と柱の芯は必ずしも一致しないので、柱は個別に1本ずつ、図面をよく確認すること

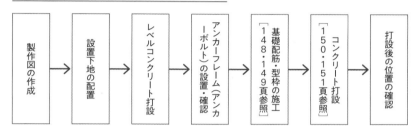

柱脚　柱脚　平面　断面

②設置下地の確認

レベルコンクリート打設時にアンカーフレームの固定用の捨てアングルを打ち込んでおくか、レベルコンクリートを厚めに打って、後施工アンカーで設置下地を固定する

捨てアングル

③アンカーフレームの位置確認

打設・墨出し後にアンカーフレームをセットする。鉄骨のベースプレートの高さとアンカーフレームの関係を確実に理解し、正しいレベルにアンカーフレームを設置することが重要。鉄筋配筋時とコンクリート打設時に移動しないよう、アンカーフレームは強固に固定しておく

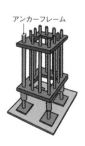

アンカーフレーム

④型枠設置・打設時の確認

型枠がコンクリート打設の衝撃で変形しないよう、しっかりと組み立てて補強する。また柱のコンクリート打設時には、一方向から施工するとアンカーボルトが押されてずれてしまう恐れがあるので、均等にバランスをとって打設する。打設後は墨出しを行い、アンカーボルトの位置を確認する

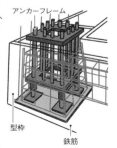

アンカーフレーム　型枠　鉄筋

鉄筋・型枠のチェックポイントは？

鉄筋は建物の健全性の基本であるため、設計で定められた本数、太さ、強さ、そのほかの細かい規定を満足しているか、厳密にチェックする必要があります。型枠はコンクリート打設中にかかる圧力や外力に対して、壊れたり膨れたりしないよう、施工者が型枠工事着工前に計算して仕様を確認・検討し、堅固に組み上げます。万一、施工後に鉄筋の間違いが発覚した場合は、壊して直さざるを得ず、時間的にもコスト的にも大損害になるので慎重に行いましょう。

鉄筋・型枠工事の施工手順

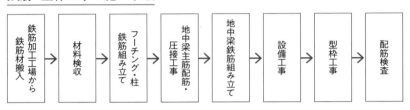

鉄筋加工工場から鉄筋材搬入 → 材料検収 → フーチング・柱鉄筋組み立て → 地中梁主筋配筋・圧接工事 → 地中梁鉄筋組み立て → 設備工事 → 型枠工事 → 配筋検査

鉄筋のかぶりが寿命を左右する

鉄筋のかぶりは耐久性や強度の観点から非常に重要だ。かぶりが不足するとコンクリートの中性化にともない、早期に鉄筋の防錆効果がなくなり、鉄筋の腐食膨張によりコンクリートが爆裂し、錆びた鉄筋が露出してしまう。非常に見苦しく、建物の強度上も問題になる

主筋の本数不足も命取り

鉄筋の本数不足などのミスは後からでは簡単に修正できず、費用面・工期の面からも致命的な事態になってしまう。事前の確認を怠らずに行うこと

パネルゾーンの見落としに注意

柱鉄筋フープのピッチは、パネルゾーン部分では一般部分より広くなることが多い。ここでいう「パネルゾーン」とは梁のせいや取り付け位置の一番内々の部分（すべての梁が重なる部分）と解釈されるが、ここの見落としも多いので注意

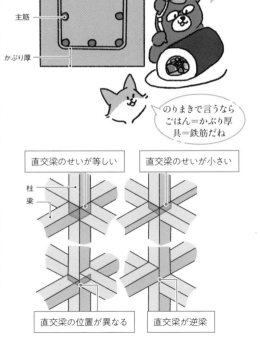

主筋

かぶり厚

具とごはんのバランスが大事だね

のりまきで言うならごはん＝かぶり厚
具＝鉄筋だね

直交梁のせいが等しい　　直交梁のせいが小さい

柱
梁

直交梁の位置が異なる　　直交梁が逆梁

配筋・型枠工事のポイント

①フーチング鉄筋組み立て
搬入された材料の材種・サイズなどが合っているかを確認したら、鉄筋組み立てに入る。フーチング鉄筋では、杭頭の鉄筋とベース鉄筋の干渉に注意し、事前に配筋詳細図を書いておくとよい

②地中梁鉄筋組み立て
地中梁の鉄筋を配筋する際は、鉄筋地足場を組むか、自立支持金物を使う方法があるので、現場の状況によって使い分ける

③圧接工事
鉄筋どうしの端部を加熱・加圧により継ぐ。有資格者による責任工事となるので、圧接作業者の資格の確認や、圧接箇所の抜き取り検査も行う

④設備工事
設備用のスリーブの取り付けなどを行う。この時点までに、基本的な配筋や電気の幹線経路を決定しておかなければならない

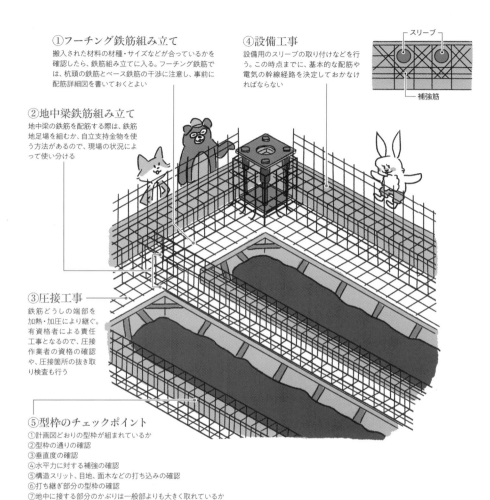

スリーブ

補強筋

⑤型枠のチェックポイント
①計画図どおりの型枠が組まれているか
②型枠の通りの確認
③垂直度の確認
④水平力に対する補強の確認
⑤構造スリット、目地、面木などの打ち込みの確認
⑥打ち継ぎ部分の型枠の確認
⑦地中に接する部分のかぶりは一般部よりも大きく取れているか

⑥鉄筋のチェックポイント
鉄筋の検査、型枠の検査、アンカーボルトの確認などを行う
①鉄筋の強度種別・太さ
②主筋の本数
③フープ筋：スタラップの太さ、ピッチ
④鉄筋の定着
⑤カットオフ寸法
⑥鉄筋のかぶり
⑦開口部、設備スリーブなどの補強
⑧パネルゾーンの範囲の解釈
⑨圧接：形状、強度（抜き取りによる引張り検査や超音波探傷検査）

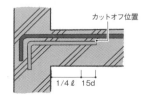

カットオフ位置

1/4ℓ　15d

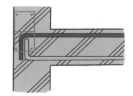

一発勝負！ 基礎コンクリート打設

基礎コンクリート打設は現場にとって大きな節目の日になります。これまで苦労して進めてきた基礎工事のハイライトであり、途中で止めたり、やり直したりすることのできない一発勝負の日でもあります。ここで注意しておきたいミスは、バイブレーターによる締固めが不十分なことによる豆板（じゃんか）や、打ち継ぎ時の時間管理の不備によるコールドジョイントなどです。またコンクリート搬入時には、コンクリートが正しく納品されているかを確認するため、受け入れ検査を行います。

コンクリート打設の手順

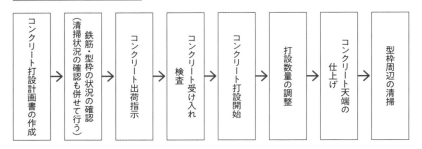

コンクリート打設計画書の作成 → 鉄筋・型枠の状況の確認（清掃状況の確認も併せて行う） → コンクリート出荷指示 → コンクリート受け入れ検査 → コンクリート打設開始 → 打設数量の調整 → コンクリート天端の仕上げ → 型枠周辺の清掃

打設前の準備は入念に

コンクリート打設計画書の作成では、コンクリートの仕様、打設手順、打設スピード、作業員の配置などを計画する。コンクリート打設前日までに工事監理者に提出し、確認をとっておくこと。確認がとれたら、コンクリート打設計画書に基づき生コン工場に出荷の指示を行う。計画打設スピードと実際のスピードの差異に注意しながら進める

配合計画書

打設前のコンクリート
受け入れ検査

打設前の受け入れ検査は、納入書の確認のほか、スランプ（スランプフロー）、空気量、コンクリート温度の測定と、圧縮強度の供試体採取を行う。アルカリ骨材反応は定期的に行い、検査結果を事前に確認しておく。なおコンクリート打設中は、コンクリートノロが上階へ続く鉄筋に付着し汚してしまうので、丁寧に洗い落とす

供試体
エアメーター
温度測定
スランプ
塩化物量測定

打設～仕上げのポイント

打設時の順番と確認を怠るべからず

計画した手順どおりに進んでいるかを確認しつつ、吹出し部分[※]を先行して打設する。コンクリートの締固めは十分か、吹出し部分の打ち足し時間は空きすぎていないか、コンクリートがまわりにくい部分の充填は十分か、などを確認する

型枠

バイブレーター

高所からの打設に注意

高所からコンクリートを流し込むと、コンクリートが鉄筋などにぶつかって、粗骨材とモルタルが分離してしまう。高所からの打設の際には中間打設口を設けるなど、計画時に十分注意を払う必要がある

骨材　モルタル

最終段階では、現場の状況と打設数量を勘案し、最終発注数量を決定するよ

金鏝

仕上げの調整

レベル測量器などを用いてコンクリートの天端を調整し、最終的には左官工が金鏝で押さえて仕上げる。仕上げ完了後、コンクリートのこぼれや、型枠に付着したコンクリートを丁寧に清掃する

打設時によくあるミス

豆板（じゃんか）

コンクリートの表面に粗骨材が露出し、セメントペーストが十分に充填されていない現象。耐力と耐久性の両面で非常に問題が多い。高所からコンクリートを落下させて材料が分離した場合や、締固めが不十分な場合に発生しやすい。万一発生した場合は、不良部分を丁寧に斫り、その部分のコンクリートを打ち直す。あらかじめ補強や補修の方法を工事監理者と決めておくとよい

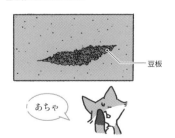

豆板

あちゃ

コールドジョイント

コンクリートを打ち足す際に、時間が空きすぎて先に打設したコンクリートが硬化してしまい、打ち足したコンクリートと一体化しない現象。耐久性や止水性に問題がある。打設計画作成段階で、適切な打ち足し時間で打設できるように綿密に計画しておく必要がある。季節によりその時間は大きく変動するので注意。止水性が求められる地下の外壁などで発生した場合は、エポキシ樹脂などの注入や、シール材などで止水する

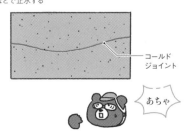

コールドジョイント

あちゃ

※ 吹出し：段差がある場合、水平面には型枠を入れないので、そのまま一気に打設するとコンクリートが吹き出してしまう。半硬化状況を確認しながら施工する必要がある

組み立て手順と輸送計画の立て方

基礎工事が終わったら、建方に入ります。施工計画時に、どの鉄骨をどの順番で組み立てるか、という組み立て手順を一日の作業ごとに細かく計画しておきます。ただし、実際の工事でずれや誤差が生じることもあるので、ファブでトラックに積み込むときは、計画との差異の調整をしながら出荷します。また、敷地が狭い現場では積み込む部材の前後方向や上下の積み重ね方まで、搬入時の状態をあらかじめ細かく決めておき、作業がスムーズに進むように配慮します。

組み立て手順のポイント

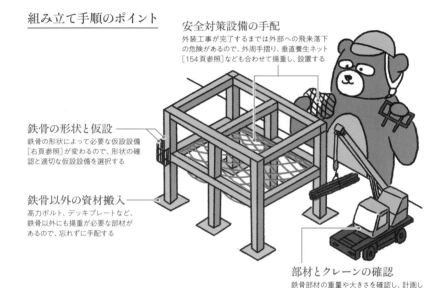

安全対策設備の手配
外装工事が完了するまでは外部への飛来落下の危険があるので、外周手摺り、垂直養生ネット[154頁参照]なども合わせて揚重し、設置する

鉄骨の形状と仮設
鉄骨の形状によって必要な仮設設備[右頁参照]が変わるので、形状の確認と適切な仮設設備を選択する

鉄骨以外の資材搬入
高力ボルト、デッキプレートなど、鉄骨以外にも揚重が必要な部材があるので、忘れずに手配する

部材とクレーンの確認
鉄骨部材の重量や大きさを確認し、計画しているクレーン（揚重機）の性能と合致しているか確認する

輸送計画のポイント

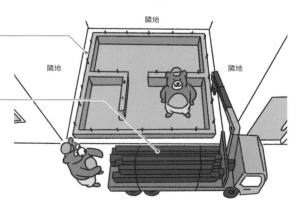

隣地

隣地　隣地

敷地条件の確認
周辺道路、搬入ゲートなどとの関係をよく確認して、大型トレーラーでの搬入の可否を確認する[137頁参照]

狭い敷地では積み込み方にも配慮を
狭 隘地では、鉄骨の組み立て順と逆の順で（組み立て順が最後の鉄骨から）トラックの荷台に積み込み、積み荷の上部から組み立て順どおりに揚重できるように配慮することもある。また、梁・柱など長い部材を回転させられない場合もあるので、建方の向きに合わせてトラックに積み込むよう配慮する場合もある

仮設の種類

鉄骨工事は不安定な足場での高所作業が多くなるため、仮設(作業足場)の計画はとても重要になります。鉄骨工事における代表的な仮設足場が「コラムステージ」です。これは建方に入る前に地上でセットしてから、建方時に使用します。

コラムステージ

ノンブラケット柱の梁取り付けや柱の接合のために使用する。取り付けのためのブラケット金物を、工場であらかじめ溶接しておく

ロータリーステージ

外周の柱の溶接のための足場。解体時は本体の床の方向に回転させて取り込み、安全に解体できるように設計されている

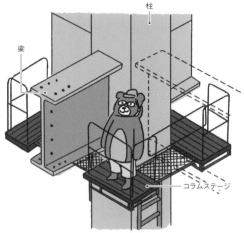

柱

梁

コラムステージ

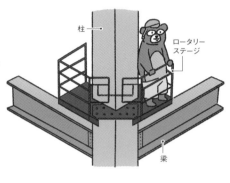

柱

ロータリーステージ

梁

トビック

梁にブラケットがある場合に、梁接合部の本締めを行うために使用する。建方後にとび工が各所に設置する。高所で持ち運びを行うため、軽量化が図られている

ハイステージ

SRC造で梁配筋をするための足場。鉄骨梁の下部に先付けピースを取り付けておき、そこに建方前にハイステージをボルトでセットしてから揚重する。足場板や安全ネットも地上でセットしておくと、より安全

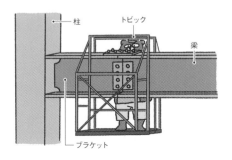

柱

トビック

梁

ブラケット

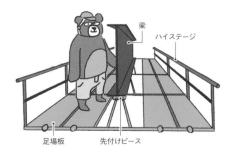

梁

ハイステージ

足場板

先付けピース

安全対策で高所作業を万全に

鉄骨工事が高所作業者にとって危険なことはもちろんですが、小さなボルト1本を落とすだけで、その下にいる人にとっても重大な事故につながってしまいます。そのため床が張られるまでは、各階に水平安全ネットを張り、墜落防止を図ります。また外周には垂直養生ネットを張り、周囲への飛来・落下災害の防止を図ります。高所での作業者の工具は紐付きとして、万一の落下を防いでいます。

水平安全ネット

梁に安全ネットの片方を付けておき、建方時に一緒に揚重する。梁を取り付けた後に反対側の梁に引っ張り上げ、すみやかに張る。鉄骨工事後、床デッキを敷いた時点で撤去する

水平安全ネット

ネットの目は15mm前後と細かく、小さな資材が下に抜け落ちるのを防止する

垂直養生ネット

建物の外周への飛来・落下災害の防止のために張る。ポリプロピレン製の難燃性の材料を用い、溶接火花などが付着しても簡単には延焼しないようになっている。外壁工事をする際に撤去する

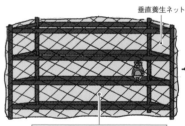

垂直養生ネット

過剰な風圧防止と落下防止の観点から、バランスを考慮して15mm程度の目のネットを使用する

紐付き工具

鉄骨の組み立て工事では、ラチェットやハンマー、バールなど、多くの工具を使用する。作業者の手から誤って落下してしまわないように、紐付き工具を使用する。とび工はフルハーネスの安全帯と多くの工具を腰に付け、相当の重量を背負って作業している

インパクトドライバー　　ヘルメット

フルハーネス

フック

セーフティワイヤー　　レンチ

工具入れ

建方中の仮ボルトの役割は？

建方では仮ボルトを使い、とび工が取り付けを行います。仮ボルトは本ボルトの1／3程度の本数を入れていきます。建方中の安全性を確認して、どこまで仮ボルトのままで建てられるかは計画時に検討が必要です。鉄骨造の場合はもちろんのこと、特にSRC造の場合は鉄骨だけでは自立しないケースが多いので、仮設の補強が必要となります。安全性の検討が不十分だと、建方中に倒壊してしまう恐れもあります。

仮ボルトの設置基準

建方時には、本締めに使う高力ボルトとは異なる「中ボルト」［115頁参照］を使い、仮組み立てを行う。本数は一群のボルトの1／3かつ2本以上を入れるようにする

中ボルト1／3

中ボルト1／3

中ボルト2本以上

柱

梁

柱

梁

仮ボルトが不足すると建方中に倒壊するなどの危険が増すよ

フランジとウェブにバランスよく入れるように留意する

建方中の安全対策

建方中のリスクとしては、台風などによる強風、地震、工事中の衝撃などがある。このような水平方向の外力に対抗するために計算を行い、ワイヤーやフラットバー、アングルなどによる仮設のブレースを設置することもある

ワイヤーは節ごと（2~3階分）に対角線状に張る。ワイヤーは引張り力にしか効かないため、必ず両対角を対にして施工し、X方向・Y方向の両構面に対してバランスがとれるように配置する

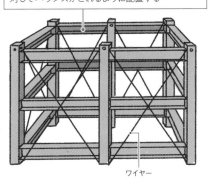

特にSRC造の場合は鉄骨だけでは耐力が不足するので必ず計算と補強をすること！

ワイヤー

柱・梁の接合方法

梁の接合方法には、ブラケットタイプとノンブラケットタイプがあります。それぞれ特徴があるため、どちらを採用するかは、現場の規模、現場溶接工の需給状況、運搬できる大きさの制限などから総合的に判断して設計時に決定します。ノンブラケットタイプの場合、現場溶接が必要になります。現場溶接は技術面での難易度が高いため、大規模な高層鉄骨造で採用される傾向が強いです。

ブラケットタイプ

工場であらかじめブラケット部分（梁仕口）を溶接したタイプ[122頁参照]。現場での接合は高力ボルト接合が可能なので、管理が容易である。ブレースなどの仕口が柱根元にある場合は必須となる。ただし、1つの接合部に対してファブでの加工と現場での作業が発生するため、コストアップとなる。仮設足場はトピック[153頁参照]で対応可能

柱にブラケットを付けた状態で運搬するため、幅が運搬制限内に収まるか注意が必要

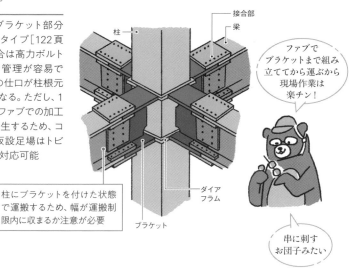

柱

接合部

梁

ダイアフラム

ブラケット

ファブでブラケットまで組み立ててから運ぶから現場作業は楽チン！

串に刺すお団子みたい

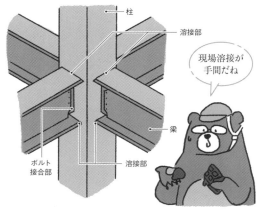

柱

溶接部

ボルト接合部

溶接部

梁

現場溶接が手間だね

チョコレートは溶けると手にくっつく…

ノンブラケットタイプ

ブラケットタイプに比べ、工場加工が少ないため、コストが抑制できる。ブラケットがない分、柱の運搬制限も受けにくい。ただし、梁フランジが現場溶接となり、溶接工など複数の業者が関わるようになるため、管理が複雑になる。仮設足場はコラムステージ[153頁参照]を用意する

建て入れ直しで精度を確保するには？

建て入れ直しとは、鉄骨の位置や鉛直性を調整し、組み立て精度を確保する作業のことです。とび工が鉄骨を建てた状態ではまだ仮組みの状態なので、あるブロックがまとまると建て入れ直しを行い、精度を確保します。具体的には、セオドライトや下げ振りで鉛直性を確認しながら、トラワイヤーや建て入れ調整器具を使い、鉄骨を正しい位置に収めて本締め[158頁参照]に備えます。

建て入れ直しの手順

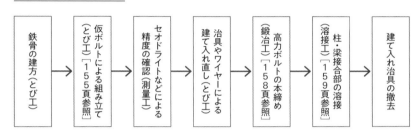

鉄骨の建方（とび工） → 仮ボルトによる組み立て（とび工）[155頁参照] → セオドライトなどによる精度の確認（測量工） → 治具やワイヤーによる建て入れ直し（とび工） → 高力ボルトの本締め（鍛治工）[158頁参照] → 柱・梁接合部の溶接（溶接工）[159頁参照] → 建て入れ治具の撤去

建て入れ直しに使う道具

下げ振り
糸の先におもりをぶら下げて垂直度を測る。原始的な方法だが、古くから使われているオーソドックスな方法

セオドライト
水平と垂直を測定する光学機械。鉄骨柱の上部の位置を確認し、建て入れ直し精度を調整する

トラワイヤー
柱頭に取り付けた仮設ワイヤーを斜めに張り、チルホールなどでワイヤーを引っ張ることで建て入れ直し精度を調整する

ヨシ 垂直だな
保持器
下げ振り

接眼レンズ
表示器
三脚

柱
トラワイヤー

トータルステーション
柱頭にターゲットを付けて、光波距離計でそこまでの距離、仰角を測定し、建て入れ直し精度を調整する

平らで硬い地面を選んで設置する
柱

柱建て入れ治具
柱の接合部に取り付けて、柱の建て入れ直しを調整する専用治具。従来のトラワイヤー工法に比べて簡単で、ラチェットがあれば作業ができる

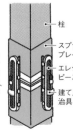

柱
スプライスプレート
エレクションピース
建て入れ治具

ボルトの本締めと検査の仕方

建て入れ直し［157頁参照］で建方精度が許容範囲に収まったら、接合部の本施工に入ります。接合の方法にはボルト接合と溶接接合の2種類がありますが、ボルト接合ではトルシア型高力ボルト［115頁参照］を使うことが一般的です。このボルトは摩擦力で応力を伝達するため、接合面が適度に発錆し、水や油が付着していないことが重要です。

本締めの手順

①接合部の摩擦面の確認

摩擦面の状況を確認し、密着性を高めるため、ひずみ・反り・曲がりを修正する

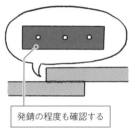

発錆の程度も確認する

②高力ボルトの挿入（一次締め）

一次締め専用の電動レンチでボルトのピンテールをくわえ、所定のトルク（回転）が入るまでナットを締め付ける

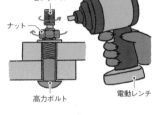

ピンテール
ナット
高力ボルト
電動レンチ

③ボルトナットへのマーキング

締め忘れや軸回り・共回り［※1］していないことを確認するため、すべてのボルトに対してマーキングする

マーカー
マーキング

④専用締め付け工具による締め込み（本締め）

一群のボルト群の中央から外側に向かって締め付けていく

中央から

⑤ピンテールの切断の確認

専用締め付け機を用いて、ピンテールが破断するまでナットを締め付ける

ピンテール
ナット
高力ボルト
目視確認！

⑥締め付け後の確認・検査

ピンテールが切断されているか、ナットの回転角が一定であるか、軸回り・共回りがないか、マークのずれがないかを確認する

ピンテール
ナット
座金

共回りしている状態
軸回りしている状態

トルシア型高力ボルトのしくみ

ナットに一定のトルク（回転させる力）が導入されると、ピンテールが切れるようになっている。ピンテールが切れていること、ナットが一定程度回転していることで、正しい施工ができているか確認できる

管理が容易なのが嬉しい！

※1 軸回り・共回り：ボルトの軸とナットが一緒に回転してピンテールが切れることを「軸回り」、ナットと座金が一緒に回ることを「共回り」という。いずれも正しい軸力が導入されない状態のため、新しいボルトと交換してやり直す必要がある

溶接部検査のチェックポイントは？

梁の接合は、ボルト接合・溶接接合のどちらも採用可能ですが、柱の接合は溶接接合が一般的です。溶接接合は戦後すぐに建築分野に導入された技術ですが、当初は信頼性が低く、大きな不具合も発生しました。しかし、非破壊による超音波探傷検査の技術が進んだことにより、信頼性が飛躍的に向上し、現在では信頼性の高い工法になっています。溶接後に超音波探傷検査を行い、溶接内部の欠陥（ブローホール、溶け込み不良）の有無を確認します。

溶接前の検査

ボルトの本締め後、すべての現場での溶接箇所について、ルートギャップ（間隔）、食い違い、仕口のずれなどの測定を行い、記録する。ルートギャップが規定よりも狭い場合はガウジングにより必要な寸法を確保する。逆に広い場合は肉盛り溶接[※2]を行い、開先面のグラインダー処理をして平滑にした後、再度溶接を行う

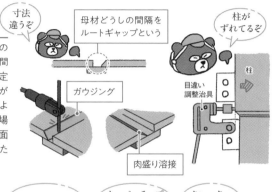

溶接後の外観目視検査

溶接後にすべての現場溶接箇所について、目視にて外観の検査を行う。ここで見られる主な欠陥はオーバーラップ、クレーター、アンダーカット、ビード不整など。検査結果を記録に残しておく

超音波探傷検査

検査機関による検査。超音波を溶接部分に当てて、戻ってくるエコーで溶接の欠陥の大きさ、位置を判定する。非破壊で溶接内部の欠陥を正確に判定できる。工場溶接に関しては抜き取り検査を行い、現場溶接については全数検査を行う

※2 肉盛り溶接：溶接金属を開先面に盛り付け、所定のルートギャップになるように修正する溶接のこと

階段の施工手順を知ろう

鉄骨階段は工場で一流れずつ、ユニットとして組み立てられて現場に搬入されます。階段に取り付ける本設の手摺りを、建方時に地上の荷さばきヤードで取り付けてから揚重すると施工の省力化になるだけでなく、安全上も好ましいです。

階段の施工手順

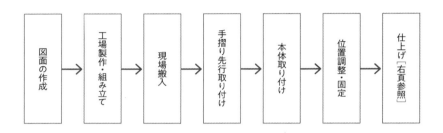

図面の作成 → 工場製作・組み立て → 現場搬入 → 手摺り先行取り付け → 本体取り付け → 位置調整・固定 → 仕上げ［右頁参照］

図面作成〜現場搬入時まで

鉄骨図・平面詳細図をもとに詳細寸法を決定し、製作図を作成したら、工場製作に入る。工場では材料取りに無駄が出ないよう、ささらの配置を中心にシミュレーションしながら板取りを決定していく

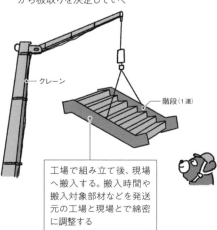

クレーン

階段（1連）

工場で組み立て後、現場へ搬入する。搬入時間や搬入対象部材などを発送元の工場と現場とで綿密に調整する

現場取り付け・固定

鉄骨建方時に、同時に階段も建て込んでいく。この時点ではまず仮置きとし、基準墨に合わせて、正規の位置に調整して固定する

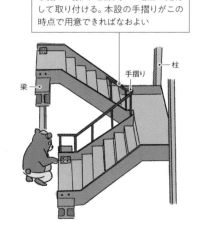

手摺りは搬入・仮設時に、地上で先行して取り付ける。本設の手摺りがこの時点で用意できればなおよい

柱

手摺り

梁

階段仕上げの種類と手順

階段は作業者の通行が多く、仕上げ作業がやりにくいところです。階段裏の塗装仕上げにも足場が必要になるので、階段が複数ある場合は、交互に計画的に通行止めにしながら施工します。また、床面(踏面)にモルタル塗りが必要な場合はさらに手間がかかるので、施工時には注意しましょう。

階段仕上げの施工手順

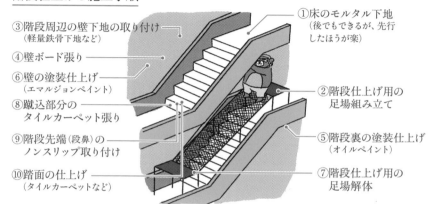

- ③階段周辺の壁下地の取り付け
  (軽量鉄骨下地など)
- ④壁ボード張り
- ⑥壁の塗装仕上げ
  (エマルジョンペイント)
- ⑧蹴込部分の
  タイルカーペット張り
- ⑨階段先端(段鼻)の
  ノンスリップ取り付け
- ⑩踏面の仕上げ
  (タイルカーペットなど)
- ①床のモルタル下地
  (後でもできるが、先行
  したほうが楽)
- ②階段仕上げ用の
  足場組み立て
- ⑤階段裏の塗装仕上げ
  (オイルペイント)
- ⑦階段仕上げ用の
  足場解体

下地・仕上げの種類と施工ポイント

タイルカーペット仕上げ・Pタイル仕上げ

踏面にタイル状のカーペットやプラスチック系のタイルを張った仕上げ。この仕上げの場合は、蹴上げ部分に張った後、段鼻にノンスリップを付けて、段差の視覚的な明確化と、すべり止め効果、仕上げ材の剥がれ防止を図る。ノンスリップ取り付け前に通行者が通ると、せっかく張った蹴上げ部分の仕上げを蹴飛ばして剥がしてしまうため、施工中は関係者以外通行禁止にするとよい

長尺シート仕上げ

長尺シート仕上げの場合は蹴込と踏面は一体で施工するため、先にノンスリップを取り付ける。ほかの仕上げとノンスリップの手順が異なるので注意する

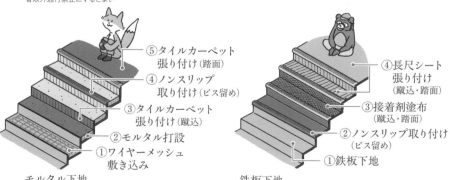

- ⑤タイルカーペット
  張り付け(踏面)
- ④ノンスリップ
  取り付け(ビス留め)
- ③タイルカーペット
  張り付け(蹴込)
- ②モルタル打設
- ①ワイヤーメッシュ
  敷き込み

- ④長尺シート
  張り付け
  (蹴込・踏面)
- ③接着剤塗布
  (蹴込・踏面)
- ②ノンスリップ取り付け
  (ビス留め)
- ①鉄板下地

モルタル下地
鉄骨階段の踏面にモルタルを施工する。この場合は、この工程が全体工程のネックになるので、早めに済ませておくことが望ましい

鉄板下地
踏面のモルタル施工が不要で、施工性に優れた下地材。靴音が響くという鉄板の弱点もあるが、2枚の鉄板を張り合わせて消音効果を高めた製品もある

外部階段の種類

外部の鉄骨階段は耐候性の観点から、溶融亜鉛めっき処理を仕上げ材に採用するのが一般的です。踏面にはチェッカープレート（縞鋼板）を使いますが、集合住宅など、生活音に配慮する必要のある場合は、足音の発生の少ないFRC（繊維補強コンクリート）を踏面に用います。外部鉄骨階段は通常、鉄骨の建方時、躯体の築造と同時に行われます。取り付け前に地上で手摺りを設置し、鉄骨建方と同時に取り付けた後は、工事中の仮設通路として活用します。

溶融亜鉛めっき仕上げ

外部階段は一般的には鉄製なので、防錆のために溶融亜鉛めっきを施す。この上に塗装を施す場合はプライマーや塗装の種別をよく検討しないと、剥がれなどの不具合が生じやすくなるので注意

どすどす
歩くと響くぞ

腐食や錆に強い溶融
亜鉛めっき仕上げ

チェッカープレート（縞鋼板）

外階段の踏面には、特に騒音などの問題がない場所（屋上の点検用階段など）では、すべり止め対策に適したチェッカープレートを用いる

鉄板表面に圧延で突起をつくったものをチェッカープレートという。突起がすべり止めとなる反面、突起により音や振動が出やすくなるというデメリットもある

FRC（繊維補強コンクリート）

マンションの外部階段では通行音が問題になるので、FRC製の踏面を採用することが多い。チェッカープレートの踏面と比べて、ハイヒールや革靴による歩行音を緩和する効果がある

静かだね～♪

踏面が汚れないようにカバーする専用の養生材もある

FRCはFiber Reinforced Concreteの略で、コンクリートに繊維を混ぜ込んで強度を高めたものが材料となっている

床工事の最初の工程は？

鉄骨造の床は通常、鉄筋コンクリートで計画されますが、型枠にはデッキプレートを用います。また鉄骨建方の数フロア下では、順次コンクリートが打設されて、安全な作業床が構築されます。この時点では外壁はできていないので、床の端部には仮設の手摺りが施されています。

床の施工手順

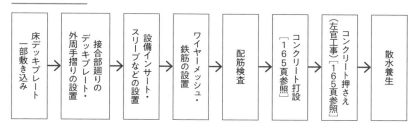

床デッキプレート一部敷き込み → 接合部廻りのデッキプレート・外周手摺りの設置 → 設備インサート・スリーブなどの設置 → ワイヤーメッシュ・鉄筋の設置 → 配筋検査 → コンクリート打設［165頁参照］ → コンクリート押さえ（左官工事）［165頁参照］ → 散水養生

①デッキプレート敷き込み・仮手摺りの設置

鉄骨建方完了後、床デッキプレートを一部敷き込む。建て入れ直し調整・本締め・接合部溶接・超音波探傷検査［157〜159頁参照］を終えたら、接合部廻りのデッキプレートや仮設の外周手摺りを設置する。ここで安全な作業床が完成するため、これ以降は一般の作業者が作業できるようになる

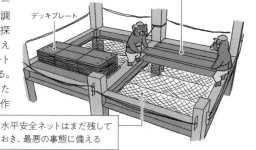

仮通路として活用するが、デッキプレートが完全に敷かれる前で床を敷いていないところもある状態なので、まだ限られた作業者しか入れない

デッキプレート

水平安全ネットはまだ残しておき、最悪の事態に備える

②設備インサート・スリーブなどの設置

設備業者を現場に入れる前に、床端部手摺りやデッキ床の歯抜け箇所など、危険な箇所がないかをよく確認しておく

③ワイヤーメッシュ・鉄筋の設置

この後の配筋検査に備え、特に構造デッキの場合は特記仕様書の細かなルールまで注意しておく

設備業者

スリーブ

インサート

鉄筋

ワイヤーメッシュや鉄筋材料は、鉄骨建方時にあらかじめ取り込んでおくとよい

床の種類別・施工時の注意点は？

デッキプレートにはいくつかの種類があり、それぞれの特徴に応じて床の設計がされています[96、97頁参照]。ここでは、施工時に注意すべきポイントをデッキプレートの種類ごとに解説します。

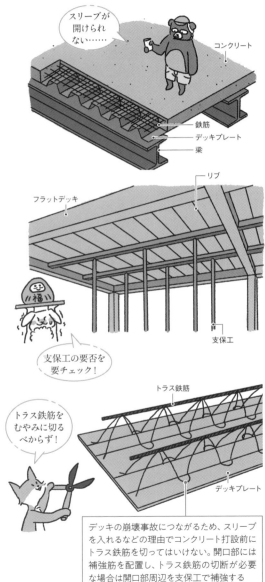

構造デッキはコア部に注意

デッキが構造体の一部となる。現場での配筋が簡単で、少ない量のコンクリートで床を構成することが可能だが、スリーブを開けられないのでコア部分には向かない

スリーブが開けられない……

コンクリート

鉄筋
デッキプレート
梁

フラットデッキ（型枠デッキ）の支保工は？

ベニヤ型枠の代わりに用いられる。リブ（補強のために付けられた突起）が梁として働くので、支保工が不要になる。ただし、スパンが大きくなると中央に支保工が必要になるので注意。これを入れ忘れるとデッキ崩落などの大事故につながってしまう。コア部分のスパンが狭く、設備の床貫通スリーブが多い場合によく採用される

リブ
フラットデッキ
支保工

支保工の要否を要チェック！

鉄筋トラス付きデッキ（型枠デッキ）の切断は慎重に

ダブル配筋のRCスラブの代替として、施工性の向上と品質の向上を目指して採用される。長手方向の鉄筋がトラス状になってデッキと一体化しているため、現場での配筋は直交方向の上筋だけでよく、現場作業の省力化につながる。下面が平らなので、仕上げや耐火遮音間仕切の施工が行いやすいが、コンクリート打設前のトラス筋切断には注意が必要

トラス鉄筋をむやみに切るべからず！

トラス鉄筋

デッキプレート

デッキの崩壊事故につながるため、スリーブを入れるなどの理由でコンクリート打設前にトラス鉄筋を切ってはいけない。開口部には補強筋を配置し、トラス鉄筋の切断が必要な場合は開口部周辺を支保工で補強する

一発勝負再び！ 床表面仕上げ

コンクリート表面は金鏝一発仕上げが一般的です。打設時にレベル高さを確認しながらコンクリートをセットし、コンクリートの硬化具合に応じて、何度か時間をおいてから金鏝でコンクリートの表面を押さえ、仕上げます。寒い時期はコンクリートの硬化が遅いため、適切な押さえの時間が夜中にずれ込み、最終仕上げが朝までかかってしまうこともあります。

床の表面仕上げの施工手順

①コンクリート打設の目安の ポイントを準備する

コンクリートならしの目安として、レベルポイントを準備しておく。レベルはバネや樹脂を用いて簡単に折れたり取れたりしないようになっている既製品もある。打設面の清掃も忘れずに行うこと

②コンクリート打設

レベルをセットし、コンクリートをならした高さを確認しながら流し込む。床コンクリートの適切な打設スピードの設定は120㎡前後につき1時間程度が目安。コンクリートが1か所に山盛りにならないように注意しながら打設していく。ただし、1回あたりのコンクリート打設工区の適正面積は施工条件に応じて変動するので注意する。施工中にレベルを確認する際、基準となるレベルは振動の影響を受けにくい場所を設定し、原則盛替え（移動）はしない

③木鏝荒ならし・ タンピング

木鏝で荒くならした後、タンピングで細骨材を沈める

⑥金鏝仕上げ （2回目、3回目）

手作業での金鏝仕上げは2回に分けて行う。2回目で細かいムラをならし、3回目で表面を密実させる。夏期は金鏝仕上げ完了後に、散水養生を行い、急激な乾燥ひび割れを防ぐ。また作業による振動はコンクリートの強度発現に悪影響をおよぼすので、コンクリート工事の翌日は簡易な作業以外は行わない

④定木摺り

硬化具合を見ながら、大きな波をならす

⑤機械鏝仕上げ （1回目の金鏝仕上げ）

ムラをなくし、ノロ［※］を浮かせる

⑦散水養生

コンクリートのひび割れ防止、強度発現の促進のため、打設後は硬化の具合を見計らい、数日間散水養生することが望ましい

※ ノロ：セメントと水が混ざった成分のこと。鏝でコンクリートを押さえると表面にノロが浮いてくるので、これをさらに押さえることで表面がきれいに仕上がる

床仕上げは直置きか2重床か？

床の仕上げには、コンクリートのスラブに直に張って仕上げていく場合と、床とスラブの間に一定の空間を確保して仕上げる置き床を使用して仕上げる場合があります。両者の特性をしっかり把握して使い分けましょう。

直仕上げ＝スラブに直張り

コンクリートスラブの上に直にフローリングや長尺シート、天然リノリウムなどを張って仕上げる。コンクリートの床精度が仕上がりに大きく影響するため、床仕上げ前にレベルなどを使い、精度の確認を行う。狭い範囲での精度不良は波のような仕上げ不良を起こすので、目視でもよく確認すること。学校の教室や病院の病室などでよく使われる

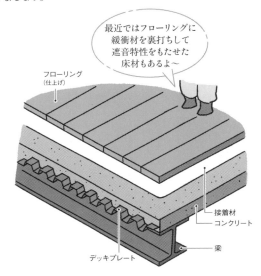

最近ではフローリングに緩衝材を裏打ちして遮音特性をもたせた床材もあるよ〜

フローリング（仕上げ）

接着材

コンクリート

梁

デッキプレート

置き床仕上げ＝床下をつくる

通常は、OAフロアと呼ばれる部材を使い、床高さを100mm程度上げる。その上の仕上げには、汚れにくく、足音などの吸音性に優れたタイルカーペットを用いることが多い。事務所利用などの場合は、コンピューターや電話機器などのケーブルを配線するために置き床仕上げとし、2重床とする

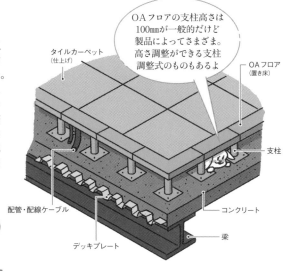

OAフロアの支柱高さは100mmが一般的だけど製品によってさまざま。高さ調整ができる支柱調整式のものもあるよ

タイルカーペット（仕上げ）

OAフロア（置き床）

支柱

配管・配線ケーブル

コンクリート

梁

デッキプレート

遮音性能や設備内容、建物用途に適した床仕上げを選ぼう！

屋根材の種類

鉄骨の建方が進むと、下階からRCの床を打設していきます。それに合わせて、外装工事が進められます。屋根材は種類や分類によってそれぞれ特徴があるので、よく理解して、建物の用途に応じて使い分けましょう。たとえば工場や倉庫の場合は、折板などの金属屋根が多く、ダブル折板として断熱材を挟んで断熱性能を上げることもあります。

コンクリートスラブの陸屋根

厳密には屋根材ではないが、鉄骨造・RC造どちらも、事務所ビルなど一般的なビルの屋根にはコンクリートスラブの陸屋根を採用することが多い。RCスラブを施工し、その上に防水 [170、171頁参照] を施す

金属系の屋根材

住宅から大規模建築物まで幅広く使われる。現場加工も可能で、特に折板屋根は理論上は何mでも施工可能

瓦棒

亜鉛めっき鋼板を敷き込み、縦の接合部は瓦棒で立ち上げて水の浸入を防ぐ。1寸勾配(1/10) 程度の緩勾配でも施工可能。長期的には塗装の塗り替えなどが必要になるが、比較的安価で、住宅などでよく使用される

折板

薄い鉄板を山型に加工し、水下から水上まで1枚の板で覆うため、雨漏りのリスクが低い。現場加工なら100m程度を1枚の折板で覆うこともできる。3/100程度の緩勾配も可能。材料によっては塗り替えが必要だが、ガルバリウム鋼板は耐候性が高い

窯業系・自然材料系の屋根材

3寸勾配(3/10)以上の大きな屋根勾配が必要。住宅などで使用されることが多い

粘土瓦(和瓦・洋瓦)

耐久性、耐火性に優れ、塗り替えなどのメンテナンスも不要。ただし重量があるため、耐震上は不利に働く。住宅に広く用いられる。破損しても1枚ずつ交換できる

スレート

セメントと繊維質の材料を混練してきた屋根材。耐火性に優れ、デザイン面での選択肢が多い。瓦に比べ安価で軽量のため、耐震性は高い。住宅で使用されることが多いが、住宅以外でも意匠上の理由から低層の建物に採用されることもある

天然スレート

粘板岩からつくられ、耐火性、耐久性に優れる。自然の風合いがあり美しく、意匠上のメリットは大きい。ただし材料・施工者ともに希少で高価な傾向。重量が重く、窯業系のスレートに比べ耐震上は不利。住宅や低層の建物などに採用されることが多い

軒先・けらばの納まり

金属屋根の場合、軒先やけらば部分（妻側側面）の納まりがポイントになります。シールを打って密閉するような方法ではなく、重力と毛細管現象［※］などを考慮したうえで機械的に雨水の浸入を防ぐ方法とするのが一般的です。不適切な納まりでは雨漏りが止まらず苦労することになります。もちろん、台風時の卓越風への配慮や集中豪雨時の大量の雨水、積雪時の「すがもれ」への配慮も必要です。

屋根納まりの弱点・注意点は？

屋根の工法に応じた適切な屋根勾配を採用しないと漏水しやすくなる。積雪地帯では、屋根の先端（軒）の出が小さいとそこに溜まった雪が凍結し、水の通り道をふさいでしまい、室内に水が逆流してしまう。これを「すがもれ」と呼ぶ。予防策として、軒の出を大きくして雪がたまらないようにすること、屋根勾配を急にして雪が屋根に滞留しないようにすること、などが考えられる

軒の出を大きくすれば、雪がたまりにくく、すがもれが起こっても室内まで逆流する可能性は低くなる。ただし軒の出が大きいと風にあおられやすくなり、強風対策も必要となる

いったん溶けた雪が凍り、水路をふさぐ。太陽や屋内からの熱で雪が溶けてたまった水が屋根の内側に入って雨漏りとなる

軒先・けらばの納まりの注意点

金属屋根は一般的には漏水のリスクが低いが、軒先やけらばのような端部やとまりの部分には注意が必要となる

折板葺きなどの軒先の先端は台形の穴があいてしまうため、専用の面戸を取り付けて雨水の浸入を防ぐ

折板の横の端部と壁の隙間をカバーするために、けらば包みを設置する。建物の端部は風の力が非常に強くなるので、下地とけらば包みの固定を確実に行う

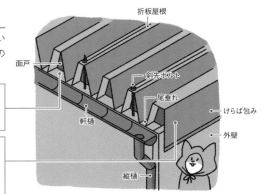

※ 毛細管現象：液体が外部からエネルギーを与えられることなく、自然と細い隙間を移動する物理現象。重力に逆らって上昇することもある

パラペットはなぜ必要？

パラペットは建物の止水のための重要な部分です。屋上の外壁とパラペット笠木の納まりは建物の防水性能を決定する重要なポイントなので、十分な検討と慎重な施工が求められます。

パラペットの施工手順

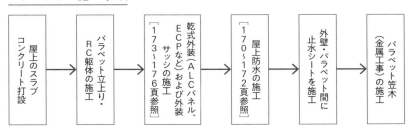

屋上のスラブコンクリート打設 → パラペット立上り・RC躯体の施工 → 乾式外装（ALCパネル、ECPなど）および外装サッシの施工［173〜176頁参照］ → 屋上防水の施工［170〜172頁参照］ → 外壁・パラペット間に止水シートを施工 → パラペット笠木（金属工事）の施工

パラペットの機能と注意点

屋根面の防水層の立上りを受け、固定するための壁がパラペットである。防水層端部からの雨水の浸入を防ぐため、外装とパラペットの上に笠木をかぶせて雨水の浸入を防ぐ

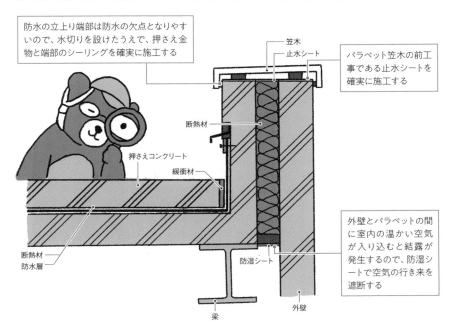

防水の立上り端部は防水の欠点となりやすいので、水切りを設けたうえで、押さえ金物と端部のシーリングを確実に施工する

笠木
止水シート

パラペット笠木の前工事である止水シートを確実に施工する

断熱材
押さえコンクリート
緩衝材

断熱材
防水層

防湿シート

外壁とパラペットの間に室内の温かい空気が入り込むと結露が発生するので、防湿シートで空気の行き来を遮断する

梁
外壁

防水工事と防水の種類

陸屋根は大きな勾配をとらないため（1/50～1/100程度）、屋根全体を覆って雨水の浸入を止めます。防水にはいろいろな材料がありますが、この考え方を総称して「メンブレン防水」と呼びます。材料により工法も異なりますので、防水する箇所や作業環境などと照らし合わせて選択していきます。

メンブレン防水とは？

メンブレン＝membraneとは、英語で「膜」「薄い皮膚」という意味。屋根全体を防水性のある膜で覆い、雨水の浸入を防ぐ

バリア！

アスファルト防水

アスファルトシートと溶かしたアスファルトで防水層をつくり、隙間のない止水性のある膜を構成し、防水する。正しく施工すれば大変信頼性の高い工法である。現場でアスファルトを高温で溶かす工法で、作業場所で釜を炊いて220～270℃でアスファルトを溶解するため、近隣に対して臭気が問題になる場合もある。そのため、釜を必要としない常温改質アスファルト工法もある。どちらも同等の品質とみなされてはいるが、できれば釜を炊いたほうが信頼性は高い

溶かして塗って固める！

保護コンクリート
乾式ボード
パラペット

屋根スラブ　アスファルト防水層　キャントストリップ

外断熱工法の場合はこの上に断熱材を敷き込み、押さえコンクリートを打設する

アスファルト防水の施工手順

まず下地の補修状況を確認し、入隅の面取りなどがきちんとされているか確認する。次に下地のコンクリートの乾燥度を計測し、水分計で8%以下であることを確認したら、プライマーを塗布する。溶融釜でアスファルトを溶融し、アスファルトを流してルーフィングを張っていく。最後にルーフィングの上にアスファルトを塗り込み、ルーフドレン廻りで水張り試験を行う

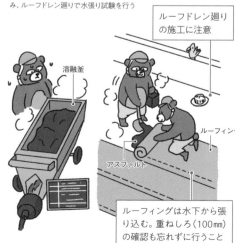

溶融釜

ルーフドレン廻りの施工に注意

ルーフィング

アスファルト

ルーフィングは水下から張り込む。重ねしろ（100mm）の確認も忘れずに行うこと

シート防水

塩ビシートやゴムシートなどを接着剤と機械を使って屋根面に張り付け、膜を構成し防水する工法。ほかの種類の防水層の上からでも施工可能なので、防水改修にも適している

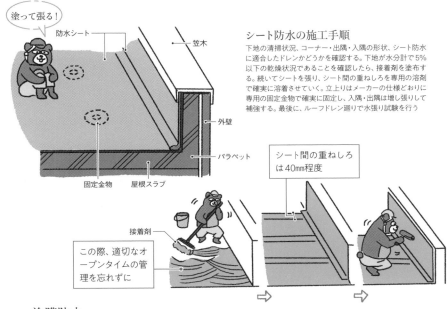

塗って張る！

防水シート

笠木

外壁

パラペット

固定金物　屋根スラブ

シート間の重ねしろは40mm程度

接着剤

この際、適切なオープンタイムの管理を忘れずに

シート防水の施工手順

下地の清掃状況、コーナー・出隅・入隅の形状、シート防水に適合したドレンかどうかを確認する。下地が水分計で5%以下の乾燥状況であることを確認したら、接着剤を塗布する。続いてシートを張り、シート間の重ねしろを専用の溶剤で確実に溶着させていく。立上りはメーカーの仕様どおりに専用の固定金物で確実に固定し、入隅・出隅は増し張りして補強する。最後に、ルーフドレン廻りで水張り試験を行う

塗膜防水

ウレタンを塗布することにより、膜を形成する工法。継ぎ目のない膜を比較的簡単につくることができ、必要な工具なども少ないので、バルコニーやパラペット、機械台の天端などによく使われる。ほかの種類の防水層の上からでも施工可能で、障害物が多くても比較的施工しやすく、改修工事にもよく採用される

塗る！

仕上げ塗布
（トップコート）

パラペット

外壁

屋根スラブ　中塗り層　プライマー　トップコート
　　　　　　　　　　　＋メッシュシート

塗膜防水の施工手順

工法によって細かいところは異なるが、大まかな施工手順は次のとおり。まず下地の清掃状況、コーナー・出隅・入隅の形状を確認する。水分計で5%以下の乾燥状況であることを確認したら、プライマーの塗布、メッシュシート張り、ウレタンの塗り込み（2回程度）、トップコートの塗布をして完成。最後にルーフドレン廻りで水張り検査を行う

万全な防水工事とするには？

防水工事における最大の不具合は、漏水です。建物の使用が始まってから漏水が発生すると、仕上げ材の汚染や破損はもちろん、建築主の財産まで痛めることになってしまいます。また、台風など強風が吹いたときの浮き上がりや破損にも注意が必要です。陸屋根面は風が吹くと大きな引張り力が発生するので、防水層と構造体との固定が悪いと、めくれあがってしまいます。

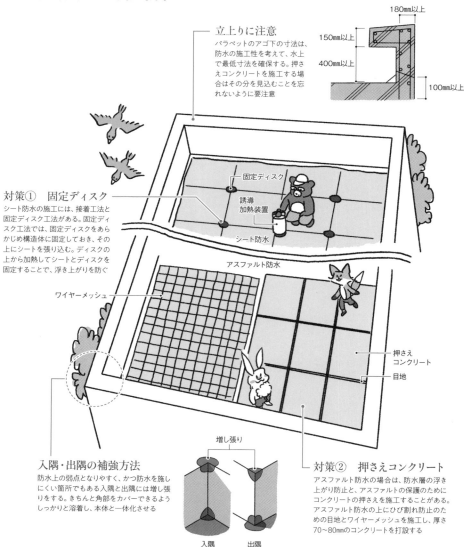

立上りに注意
パラペットのアゴ下の寸法は、防水の施工性を考えて、水上で最低寸法を確保する。押さえコンクリートを施工する場合はその分を見込むことを忘れないように要注意

180mm以上
150mm以上
400mm以上
100mm以上

対策①　固定ディスク
シート防水の施工には、接着工法と固定ディスク工法がある。固定ディスク工法では、固定ディスクをあらかじめ構造体に固定しておき、その上にシートを張り込む。ディスクの上から加熱してシートとディスクを固定することで、浮き上がりを防ぐ

固定ディスク
誘導加熱装置
シート防水
アスファルト防水

ワイヤーメッシュ

押さえコンクリート
目地

入隅・出隅の補強方法
防水上の弱点となりやすく、かつ防水を施しにくい箇所でもある入隅と出隅には増し張りをする。きちんと角部をカバーできるようしっかりと溶着し、本体と一体化させる

増し張り

入隅　　出隅

対策②　押さえコンクリート
アスファルト防水の場合は、防水層の浮き上がり防止と、アスファルトの保護のためにコンクリートの押さえを施工することがある。アスファルト防水の上にひび割れ防止のための目地とワイヤーメッシュを施工し、厚さ70～80mmのコンクリートを打設する

外壁の種類

鉄骨造の外壁・外装は板状のパネルで構成されます。外壁にはさまざまな種類がありますが、求められる性能は雨風をしのぐこと、地震で建物が変形しても破壊・脱落しないことに集約されます。そのため、接合部の止水性能や鉄骨の取り付けファスナーの形状、しくみなどを理解・工夫して設計・施工を行います。

アルミカーテンウォール

建物の構造体が変形しても外壁が壊れない層間変位追従性をもたせた外壁を「カーテンウォール」という。そのうち、主要材料がアルミとガラスで構成されているものを「アルミカーテンウォール」という。デザイン性に優れ、多くの鉄骨造建築で採用されている

プレキャストカーテンウォール

カーテンウォールのうち、主要材料がPCaパネルとガラスで構成されたもの。重量はアルミカーテンウォールより大きいが、重厚感のある石やタイルの仕上げを選ぶこともできる。材料や重量の大きさから、運搬の可否にも配慮が必要となる場合もある

押出成形セメント板 (ECP)

連続した中空の構造を有するセメント板。中高層の鉄骨造建築物の外壁によく採用される。上下2点のファスナーで取り付けられ、層間追従性を有する。フッ素塗装仕上げのほか、タイルを張ることもある

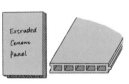

ALCパネル

高温・高圧で養生した軽量気泡コンクリート製のパネル。コンクリートに比べ断熱性が高い。上下2点で支持し、層間変位追従性を有する。板自体に多少の吸水性があるので、止水性のある塗装を施す必要がある。低層の鉄骨造建築物、タワー型マンションの外壁などに使われる

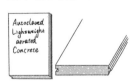

サンドイッチパネル

2枚の薄い鉄板で断熱材を挟んだパネル。断熱性に優れ、耐火仕様も有する。意匠性に優れ、工場や倉庫などによく使われる

断熱材

角波鋼板

薄い鋼板をリブ状に加工して強度を上げた鋼板。表面処理の方法には数種類あり、ガルバリウム鋼板は特に耐候性が高い。工場の外壁によく用いられる

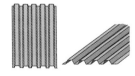

外壁取り付けの注意点は？

外壁の細部デザインや色などの詳細はできるだけ早期に決定し、場合によってはモックアップ（実物大模型）を作製します。製作工場での製品検査などで要求性能（水密性能・気密性能・耐風圧性能・層間変位追従性能・耐候性）の確認も行います。施工後は、施工取り付け精度や、ファスナーが正しく施工されているか、先行シールや十字シールなどの止水対策がきちんとなされているかを確認しましょう。

カーテンウォールの注意点

止水方法には「等圧ジョイント」[※1]と「フィルドジョイント」[※2]があり、それぞれ施工手順やポイントが異なるので、あらかじめ止水のしくみをよく理解しておきたい［56頁参照］。またノックダウン（現場組み立て）工法[※3]の場合は、組み立て中に先行シールの施工が必要になるので、各ポイントで忘れないようにすることが重要。ユニット工法[※4]やプレキャストカーテンウォールのセット時には、ガスケットがよれないように注意する

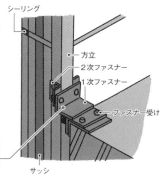

シーリング
方立
2次ファスナー
1次ファスナー
ファスナー受け
サッシ

> ファスナーは、スライドする部分と固定する部分があるので、正しいかたちになっているかも確認する

パネルによって
接合部の止水は異なる

ALCパネルは外側シールによる止水、サンドイッチパネルと角波鋼板は部材の立上りと重ねと、それぞれ止水方法が異なる。それぞれの特徴をつかんで施工時に確認したい

ECPは開口部廻りの
納まりに注意

ECPの場合、接合部分が2重止水形式になっている。万一、外側のシールが切れても水は内側のガスケットの間を落ちていくしくみだ。開口部廻りはその水を受けて下に落としていく必要があるので、フラッシングを付ける

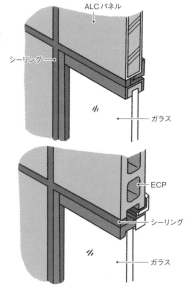

ALCパネル
シーリング
ガラス

ECP
シーリング
ガラス

※1 等圧ジョイント：外部側にレインバリア、内部側にウインドバリアを設け、その間を外部と同等の圧力にすることで、水を外部に排出させる工法。シールが不要なため、メンテナンス費用も抑えられる
※2 フィルドジョイント：パネル間のジョイントをシール止水する工法
※3 ノックダウン工法：カーテンウォールのパーツ（方立や無目）を現場で組み立てる工法
※4 ユニット工法：カーテンウォールをユニット状にしてガラスまではめ込んだ状態で取り付ける工法。無足場施工が可能

外壁材に応じた仕上げ材を選ぼう

ECPやALCパネルは、止水性や耐候性を高めるため、表面に何らかの仕上げが必要です。塗装や吹付け剤が主なものですが、それぞれ特徴や相性があるので、適切な仕上げ材を選定することが必要です。

弾性吹付けタイル（ALCパネルなど）

ALCパネル自体に吸水性があるので、止水性能のある材料を表面に塗布することが望ましい。弾性吹付けタイルが代表例。材料に柔軟性があり、多少のひび割れなどにも追従し、雨水の浸入を防ぐ。仕上げ表面のエンボスパターンは何種類かあり、意匠的に決定される。通常は吹き付けて作業するが、市街地では飛散防止の観点からローラーで施工することもある

ALCパネル
スプレーガン
弾性吹付けタイル

フッ素塗装（ECPなど）

耐候性・防汚性の高い塗装で、コストは比較的高価。メタリック仕上げなど、意匠性の高い仕上げも選択できる。下地の乾燥が不十分だと、塗膜が膨れて浮いてしまう不具合が発生する。PCaパネルに軽量コンクリートを使用する場合は、軽量骨材の低含水品の採用を検討する

ECP
フッ素塗装
ローラー

タイル（PC板、ECPコンクリート面など）

耐久性が高く、意匠性にも優れるが、施工を失敗すると浮いてしまい、剥落という大きな不具合に直結してしまう。コンクリート下地面に対し、超高圧洗浄による目荒し［※5］を行うなどの対策が必要。鉄骨造の場合は、PC板に打ち込むか、ECPにあらかじめ接着しておくことが多い

コンクリート面
タイル

石（PCaパネル、低層部のコンクリート面など）

耐久性が高く、意匠性にも非常に優れる。高所に張る場合は層間変位追従性が求められ、ファスナーによる乾式工法が必要。砂岩や花崗岩など石によってまったく性質や特性が異なるが、一般的には油などの汚れに弱く清掃が困難なので、防汚処置などを検討する。雨がかりの場所で石と躯体の間にモルタルを充填すると、白華［※6］などを呼びやすいので裏面処理を行う

コンクリート面
石

※5 目荒らし：下地のコンクリート面に傷をつけて、熱伸縮による下地モルタルの浮きを防ぐ
※6 白華：コンクリートモルタル中の水酸化カルシウムが雨水などで溶け出し、空気中の二酸化炭素と反応して白い粉状の炭酸カルシウムとなり、表面に付着すること

外装サッシ取り付けの施工手順

サッシの役割は多岐にわたり、外装のなかでも特に重要なパーツとなります。風雨・火災・寒暖から室内環境を守りながら、快適な室内を維持するため、採光・換気・外部との出入りなど、数多くの機能を果たしています。その用途や目的に応じて、サッシには主にアルミとスチールが用いられます。また全体の仕上げの基準になるため、「定木もの」とも呼ばれ、そのディティールの決定には周辺部位との広範囲な調整が求められます。多くの仕上げに先行して施工されるため、その納期や現場での取り付け工程も、現場の工程管理の肝となります。

製作図の作成・工場製作

平面図・詳細図などで検討された仕上げとの納まりの検討も同時に行う。その後、現場の施工タイミングに合致するように納期管理をする

納期が遅れると現場の工程に深刻な遅れが発生するので注意！

現場の受け入れ準備

サッシが取り付く部分を現地で確認する。開口寸法が確保されているか、取り付けのための下地はあるか、取り付け位置の墨出しがされているか、などを確認する

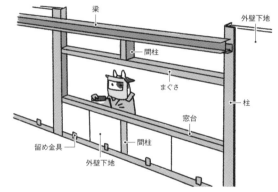

梁　外壁下地　間柱　まぐさ　柱　窓台　留め金具　外壁下地　間柱

サッシ取り付け

サッシの鉛直度、水平レベルからの上下位置の確認など、取り付け精度の確認をしながら取り付けていく。取り付け完了後、工事管理者による抜き取りのチェックや確認を行う

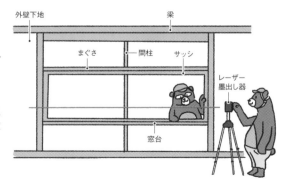

外壁下地　梁　まぐさ　間柱　サッシ　レーザー墨出し器　窓台

サッシ要求品質とは？

サッシに求められる機能を十分に発揮させるために、サッシ要求品質をあらかじめ明確にしておくことが大切です。サッシ要求品質では、耐風圧・気密・水密・遮音・断熱の5項目に対して、建物のグレードに応じて選択できるようJIS等級が定められています。

耐風圧性能
サッシの風圧に対する能力を1㎡あたりの許容風圧で示す

JIS等級	等級との対応値	風速換算値
S-1	800Pa	36m／秒
S-2	1,200Pa	44m／秒
S-3	1,600Pa	51m／秒
S-4	2,000Pa	57m／秒
S-5	2,400Pa	62m／秒
S-6	2,800Pa	67m／秒
S-7	3,600Pa	76m／秒

気密性能
サッシからの空気の漏えい量に対応した性能

JIS等級	気密等級線	対応サッシ・ドアの目安
A-1	A-1等級線	室内建具など、通気を必要とする部位
A-2	A-2等級線	室内建具などの一般建築用
A-3	A-3等級線	一般サッシ・ドアなどの一般建築用、防音・断熱・防塵建築用
A-4	A-4等級線	断熱・防音サッシ・ドアなどの一般建築用、防音・断熱・防塵建築用

水密性能
一定の内外の圧力差のなかで、室内への雨水の浸入の有無を示す

IS等級	圧力差	風速換算値	等級の目安
W-1	100Pa	9〜15m／秒	市街地住宅
W-2	150Pa	11〜19m／秒	市街地住宅、郊外住宅
W-3	250Pa	14〜24m／秒	市街地住宅、郊外住宅、低層ビル
W-4	350Pa	16〜29m／秒	郊外住宅、低層ビル、中高層ビル
W-5	500Pa	20〜35m／秒	低層ビル、中高層ビル

遮音性能
外部の騒音をどのくらい遮断できるかの性能

JIS等級	遮音等級線	住宅性能表示制度等級区分	平均透過喪失率
T-1	T-1等級線	等級2	平均20dB以上
T-2	T-2等級線	等級3	平均25dB以上
T-3	T-3等級線	等級3	
T-4	T-4等級線	等級3	

断熱性能
内外の熱の移動をどれくらい抑えられるかの性能

JIS等級	熱貫流抵抗値	熱貫流率
H-1	0.215㎡・K/W以上	4.65W／(㎡・K)以下
H-2	0.246㎡・K/W以上	4.07W／(㎡・K)以下
H-3	0.287㎡・K/W以上	3.49W／(㎡・K)以下
H-4	0.344㎡・K/W以上	2.91W／(㎡・K)以下
H-5	0.430㎡・K/W以上	2.33W／(㎡・K)以下

＊出典：一般社団法人日本サッシ協会HPより

外装仕上げで配慮すべきは？

建物には庇やルーバーなど、さまざまな金物が溶接やボルトで接合され組み立てられています。特に外部では、風などにより繰り返し荷重がかかるので、金属疲労に配慮し十分な余裕をもたせた強度の検討や、ボルトナットの緩み止め対策が必要です。一度このような金物の飛散が起こると大事故につながってしまいますので、設計者・施工者ともにそれぞれの立場で慎重に検討しましょう。

外装には繰り返し荷重がかかる

看板や庇、ルーバーなどは、片持ち梁の形式になるため、その根元には大きな負荷がかかる。加えて、風による荷重は繰り返し、押したり引いたりして作用する(繰り返し荷重)。これにより金属疲労を起こすため、耐力上、非常に厳しい状態にさらされている

繰り返し荷重への対策として、使用材料の許容応力度に一定の安全率をかけて、安全面での評価をする必要がある。また型材などが局所的に破壊する恐れのある場合は、FEM (有限要素法)などを用い、精密に検討する

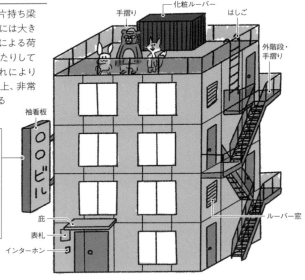

化粧ルーバー
手摺り
はしご
外階段・手摺り
袖看板
○○ビル
庇
表札
インターホン
ルーバー窓

ボルトナットの緩み対策

繰り返し荷重のかかる部分に使用されているボルトナット類は緩む可能性がある。緩み止め対策として、いくつかの方法がある

①座金
バネ付きや歯付きの座金は緩み止めに効果がある

②ダブルナット
2つのナットを締め付けることでボルトが回りにくくなる

③接着剤
ネジに特殊な接着剤を塗布して緩み止めとする

④特殊な加工を施した緩み止めナット
「HLNハードロックナット」(ハードロック工業)、「U -NUT」(富士精密)など、いろいろな原理を用いた緩み止めナットが製造されている

ヨシ！
ボルト
ナット

袖看板を取り付ける場合

テナントビルでは、袖看板を付ける場合がある。袖看板は本体構造体から跳ね出して取り付けるが、重量が大きく、庇やルーバーと同様に外力や繰り返し荷重への配慮も必要となる。また袖看板は建築主側の発注になることも多いので、施工者工事と建築主発注工事の責任分界点をしっかり決めておくことも重要

道路法では、道路の上空に掲出する広告物の占用許可申請が必要となる。歩道の有無や幅に応じて、路面への突き出し幅や路面からの高さに規定がある。たとえば東京都の場合、歩道がある場合は突き出し幅1m以内、路面からの高さは2.5m以上、歩道がない場合は路面からの高さ4.5m以上、などと定められている

看板高さが4mを超える場合は、工作物確認申請や構造計算書が必要になる。防火地域内では、建築物の屋上に設けるもの、または高さ3mを超える袖看板は、主要部材を不燃材料でつくるか、不燃材料で覆う必要がある［※］

看板高さ
路面からの高さ
突き出し幅
歩道幅

袖看板の取り付け手順

① 外看板取り付け用のアンカーボルトと鉄筋の納まりの検討
併せて、電気などの設備の一次側供給の準備も行う

② アンカーボルトのセット
⇒コンクリート打設
後から設置が決まり、アンカーボルトが設置されていない場合、後施工アンカーボルトで固定することは原則行わない。その場合は、取り受けボルトを外壁を貫通させて固定することを検討する。貫通ボルト周辺の止水対策は確実に行うこと

③ 外装の仕上げ
本体建物の外装の仕上げ（タイル、吹付けタイルなど）を施工する

④ ブラケット取り付け
取り付けボルトには緩み止め対策を施す

⑤ 看板取り付け
取り付け工事の際には道路使用許可を取り、高所作業車での作業になる。申請図に基づいた警備員の配置、作業帯の確保を行う

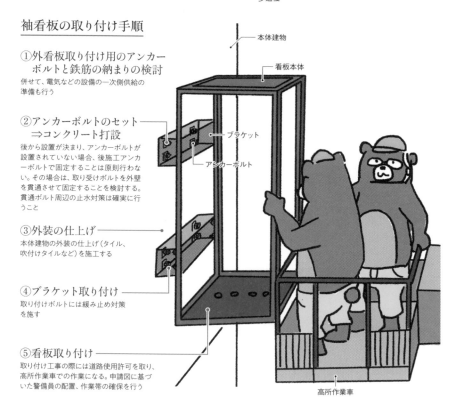

本体建物
看板本体
ブラケット
アンカーボルト
高所作業車

※ 自治体によっては、屋外広告物法や景観条例などで大きさや申請などについても制限が定められている場合がある

施工精度が断熱性能を左右する

居室の環境を外部の温度変化から守るために、外壁には断熱材を施します。外装材の外側に断熱層を配置する「外断熱」と、外壁の内側に断熱材を施す「内断熱」がありますが、日本では内断熱が主流です。住宅の場合はグラスウールを採用することが多く、鉄骨造の事務所ビルでは発泡ウレタンの吹付けが一般的です。

内断熱・グラスウールの施工手順

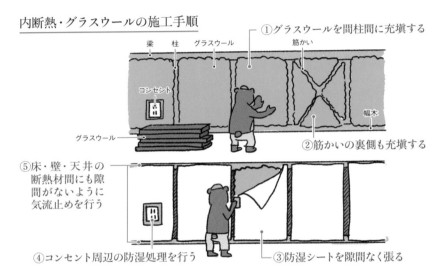

①グラスウールを間柱間に充填する

梁　柱　グラスウール　筋かい

コンセント

幅木

グラスウール

②筋かいの裏側も充填する

⑤床・壁・天井の断熱材間にも隙間がないように気流止めを行う

④コンセント周辺の防湿処理を行う

③防湿シートを隙間なく張る

湿気は大敵！ 隙間をなくせ

グラスウールは隙間に含まれる空気層が断熱効果を生むが、外部から湿った空気が入ると内部結露を起こし、断熱性能が落ちるうえ、かびが生じる。それを防止するため、グラスウールの室内側には防湿シートを隙間なく張り、空気の流通を防ぐ

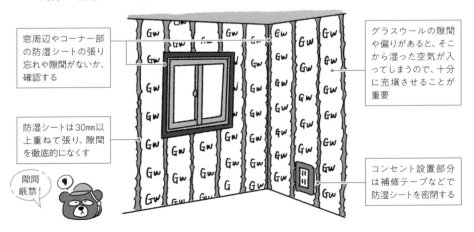

窓周辺やコーナー部の防湿シートの張り忘れや隙間がないか、確認する

グラスウールの隙間や偏りがあると、そこから湿った空気が入ってしまうので、十分に充填させることが重要

防湿シートは30mm以上重ねて張り、隙間を徹底的になくす

隙間厳禁！

コンセント設置部分は補修テープなどで防湿シートを密閉する

内断熱・発泡ウレタンの施工手順と施工ポイント

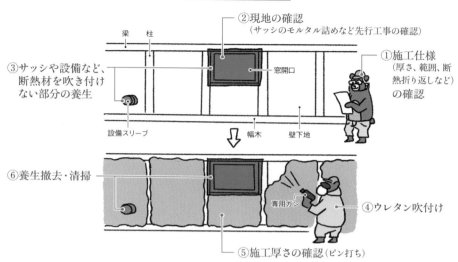

② 現地の確認
（サッシのモルタル詰めなど先行工事の確認）

梁　柱

① 施工仕様
（厚さ、範囲、断熱折り返しなど）の確認

③ サッシや設備など、断熱材を吹き付けない部分の養生

窓開口

設備スリーブ　幅木　壁下地

⑥ 養生撤去・清掃

専用ガン

④ ウレタン吹付け

⑤ 施工厚さの確認（ピン打ち）

ヒートブリッジに注意

RC造の壁やスラブ、鉄骨造の屋上の機械基礎の下部などはヒートブリッジ（熱橋）となり結露しやすいので、補強断熱を行う。併せて、壁や床スラブの断熱材の折り返し部分が指定のとおり施工されているかも確認する

補強断熱

パラペット

補強断熱

断熱材の厚さの確認

断熱材の厚さは断熱性能に直接影響するため、指定の吹付け厚さが確保されているか、ピンを刺して確認する

ケーブルの養生

電気のケーブルが露出している場合は、必ずビニルシートなどで養生を行う。ケーブルに直接吹き付けると、ケーブルの被覆が侵食され、絶縁性能の低下を招くので要注意

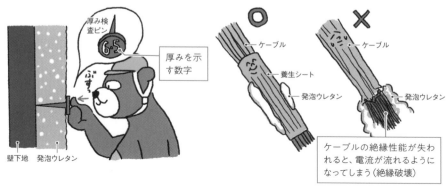

厚み検査ピン

6 5

厚みを示す数字

壁下地　発泡ウレタン

◯

ケーブル

養生シート

発泡ウレタン

✕

ケーブル

発泡ウレタン

ケーブルの絶縁性能が失われると、電流が流れるようになってしまう（絶縁破壊）

耐火被覆の工法の種類

鉄は強度が高く、建築材料としては非常に優れた材料ですが、高温時には強度が著しく低下するという弱点があります。火災時には部屋の温度は1,000℃にもなるといわれ、その場合、鉄の強度は見込めなくなり、建物が倒壊してしまいます。そこで鉄骨の梁や柱に耐火被覆を施し、鉄骨の温度上昇を防ぐことで、一定時間、火災から構造体を守ります。

耐火被覆工法の主な種類

工法	概要	施工スピード	作業環境	コスト	美観
岩綿吹付け	岩綿（ロックウール）にセメントミルクを混ぜて鉄骨に吹き付ける	◎	×	◎	△
成形板張り	ケイ酸カルシウム板のような耐火性のある成形板を鉄骨の周囲に張り付ける	△	○	△	◎
耐火塗装	耐火性能をもつ特殊な塗料（熱に反応して発泡し、断熱層を生成する）を鉄骨に塗布する	×	△	×	◎
巻き付け耐火被覆	高耐熱ロックウールをシート状に加工したものを、鉄骨に巻き付け、溶接ピンで固定していく	○	○	○	○

凡例：◎とてもよい　○よい　△あまりよくない　×よくない

岩綿吹付け工法とは

ロックウールを鉄骨に吹き付け、一定の厚さを確保する工法。施工性がよく、比較的安価な工法だが、意匠的にはあまり優れないので天井内部など見えない部分によく使われる。施工中は粉塵が舞い、かなり厳しい環境下になるため、作業員は完全防護服を着用し、作業場所には関係者以外は立ち入らないようにする

ロックウール

古い建物には似た外観の「石綿」（アスベスト）が吹き付けられていることも。危険なので注意！

岩綿吹付け工法の施工手順

施工前に吹き付けない部分の養生と、飛散防止の区画シートを張っておく。足場の準備と材料の混練（ロックウール・セメント・水）を終えたら、吹付けを行う。鏝で押さえた後、表面を固めるためにスラリーを吹き付け、吹付け厚さを確認したら、清掃して完了となる

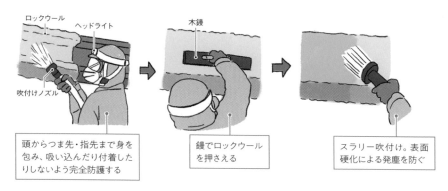

頭からつま先・指先まで身を包み、吸い込んだり付着したりしないよう完全防護する

鏝でロックウールを押さえる

スラリー吹付け。表面硬化による発塵を防ぐ

施工のポイント・注意点

下地の準備

耐火間仕切と梁や外周壁との隙間などにはあらかじめラスを張り、一体化してロックウールを吹き付けられるように準備しておく（複合耐火）。またフランジ幅が400mm以上ある場合は、落下防止のため、平ラスを下地に張っておく

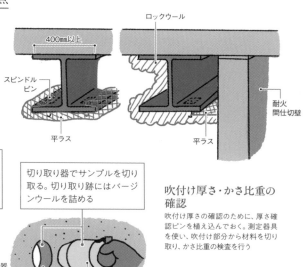

400mm以上

ロックウール

スピンドルピン

平ラス

平ラス

耐火間仕切壁

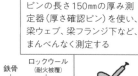

ピンの長さ150mmの厚み測定器（厚さ確認ピン）を使い、梁ウェブ、梁フランジ下など、まんべんなく測定する

鉄骨

ロックウール（耐火被覆）

指定厚み測定器

メジャー

切り取り器でサンプルを切り取る。切り取り跡にはバージンウールを詰める

吹付け厚さ・かさ比重の確認

吹付け厚さの確認のために、厚さ確認ピンを植え込んでおく。測定器具を使い、吹付け部分から材料を切り取り、かさ比重の検査を行う

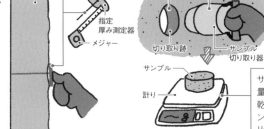

切り取り跡

サンプル

切り取り器

サンプル

計り

サンプルを乾燥させる前に重量を測定する。サンプルを絶乾状態[※]にしたら、再度サンプルの重量を測定し、かさ比重（g/cm³）を算定する

※ 絶乾：絶対乾燥状態。100〜110℃の乾燥炉で一定質量になるまで乾燥させ、骨材にまったく水が含まれなくなった状態のこと

成形板張り工法とは

ケイ酸カルシウム板などの成形板を鉄骨の周りに張り付ける工法。きれいに仕上がるため、意匠的に構造体を見せる場合に使われる。最終的には塗装仕上げになるが、成形板の傷や欠けがそのまま表れてしまうので、丁寧な施工が求められる

インパクトドライバー

成形板

ビス

下地のスペーサーを鉄骨に接着させ、そこに成形板を接着剤と釘を併用して止め付けていく

落ちると危ない！接着剤と釘で確実に施工しよう

耐火塗装工法とは

一定の耐火性能をもっていると認定された特殊な塗料を鉄骨に塗布する。火災時にはこの塗装が発泡して、断熱の役割を果たす。意匠的に鉄骨のかたちをそのまま見せたいときなどに用いられる

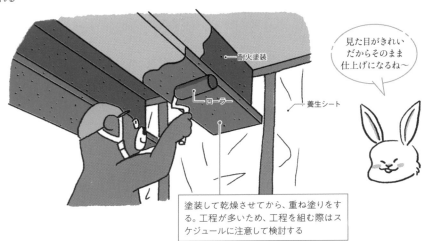

耐火塗装

ローラー

養生シート

見た目がきれいだからそのまま仕上げになるね〜

塗装して乾燥させてから、重ね塗りをする。工程が多いため、工程を組む際はスケジュールに注意して検討する

巻き付け耐火被覆工法とは

鉄骨にシート状の被覆材を巻き付ける工法。高耐熱ロックウールをあらかじめマット状にしたものを鉄骨に巻き付けて、ピンで固定する。粉塵がほとんど出ないため、作業性に優れ、現場の環境維持にも適している。また。岩綿吹付け工法の場合は吹きこぼれた大量の落綿とセメントミルクの清掃が大変な手間となるが、この工法でかなり改善されるようになり、最近はよく採用されるようになった

巻き付け耐火被覆材

ピン

巻き付けるべ！

巻き付け耐火被覆工法の施工手順

所定の大きさに切りそろえた耐火被覆材を鉄骨に当て、止め付けピンをスタッド溶接［116頁参照］して固定していく

スタッド溶接時に、多少だが火花が散る。火気使用作業となるので、周辺には可燃物などを置かないように注意する

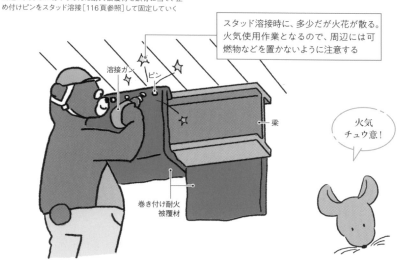

溶接ガン

ピン

梁

巻き付け耐火被覆材

火気チュウ意！

耐火遮音間仕切壁はどう施工する？

鉄骨造の内装・間仕切壁は、軽量鉄骨下地に石膏ボードを張って構成することが多いです。間仕切壁は場所によっては法的に耐火性能を求められることもあります。耐火間仕切壁の場合は、メーカーごとに耐火認定を取っているものもあるので、仕様どおりに施工することが大切です。また、壁の端部に隙間が生じないよう丁寧な施工が必要です。火災時に延焼を防ぐ非常に重要な間仕切壁ですので、慎重に施工・管理しましょう。

耐火遮音間仕切壁の施工手順［※］

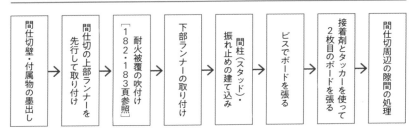

間仕切壁・付属物の墨出し → 間仕切の上部ランナーを先行して取り付け → 耐火被覆の吹付け［182・183頁参照］ → 下部ランナーの取り付け → 間柱（スタッド）・振れ止めの建て込み → ビスでボードを張る → 接着剤とタッカーを使って2枚目のボードを張る → 間仕切周辺の隙間の処理

下地ピースの準備

上部ランナーを溶接するための下地ピースは、鉄骨にあらかじめ付けておく。鉄骨の製作図にこれらのピースもすべて書き込むため、実際の施工のタイミングよりもかなり早い時期に検討することになる。下地ピースの詳細が決まらないときは、鉄骨の母材に現場溶接の傷をつけないようにするため、次善の策として捨てピースを付けておく

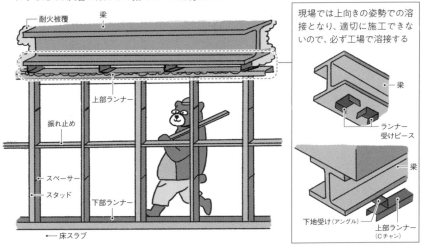

耐火被覆
梁
上部ランナー
振れ止め
スペーサー
スタッド
下部ランナー
← 床スラブ

現場では上向きの姿勢での溶接となり、適切に施工できないので、必ず工場で溶接する

梁
ランナー受けピース
梁
下地受け（アングル）
上部ランナー（Cチャン）

※ 仕様によって細かい違いがあるので注意

ボードの張り付けと端部の処理

1枚目のボードはビスで軽量鉄骨に張り、2枚目のボードは接着剤とタッカーで張り付ける。ボードの継ぎ目は同じ場所で重ならないようにずらす

ボード端部は、火災時に煙や炎が抜けないようにメーカー指定の充塡材で埋め、隙間ができないように丁寧に施工する

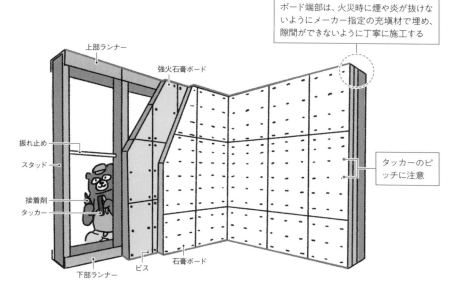

上部ランナー

強火石膏ボード

振れ止め

スタッド

接着剤

タッカー

下部ランナー

ビス

石膏ボード

タッカーのピッチに注意

遮音は壁勝ちで

間仕切壁に遮音性が求められる場合は、床からスラブ下までを壁勝ちで建て込む。隙間があると音漏れが出てしまうので要注意。必要に応じて、間仕切壁の内部にグラスウールを挿入する。建具廻りは振動によりクラックが生じやすいので、目地を設けるとよい

上部ランナー

天井仕上げ

梁(ロックウール吹付け)

グラスウール

石膏ボード
(2枚)

床仕上げ

束

床スラブ

下部ランナー

間仕切壁と建具の取り付け

鉄骨造の事務所ビル内部などの間仕切壁は、軽量鉄骨下地にボード張りの仕様が一般的です。建具の取り付けや設備配管のセットなど、複数の業者の工事が錯綜する工程でもあるので、工程管理に注意しましょう。建具は内装工事のなかでも先行して施工され、その後の左官工事、ボード工事などの仕上げの起点となるので、取り付け精度が重要になります。基準墨から正しい位置に取り付けられているかを製作図でよく確認しましょう。また、この施工が遅れると内装工事の工程が遅れてしまうので、製作工程の確保も大切です。

間仕切壁・建具の施工手順

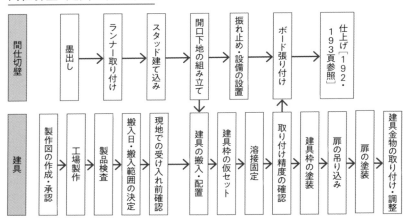

間仕切壁：墨出し → ランナー取り付け → スタッド建て込み → 開口下地の組み立て → 振れ止め・設備の設置 → ボード張り付け → 仕上げ［192・193頁参照］

建具：製作図の作成・承認 → 工場製作 → 製品検査 → 搬入日・搬入範囲の決定 → 現地での受け入れ前確認 → 建具の搬入・配置 → 建具枠の仮セット → 溶接固定 → 取り付け精度の確認 → 建具枠の塗装 → 扉の吊り込み → 扉の塗装 → 建具金物の取り付け・調整

①間仕切壁・付属物の墨出し

間仕切壁の下地の位置を床に描き込む。異種の仕上げ部位や、窓などの取り合いに注意する。建具部分は開口が必要なので、取り付け位置の墨出しをする。設備のコンセントなどの位置もこの際に描き込む

垂直養生シート

墨出し

②開口下地の組み立て

コンクリート部分には鋲打ち機で、鉄骨には先付けピースに溶接などでランナーを取り付け、ボードの位置に合わせてスタッドを建て込む

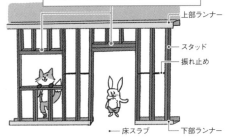

鋼製建具取り付け部分は溶接固定ができるように、板厚の厚い下地を使って開口下地を組み立てる

上部ランナー
スタッド
振れ止め
床スラブ
下部ランナー

③建具搬入前までにすること

内装の取り合いが多いため、平面図詳細図に基づき、納まりや寸法を決定して図面をまとめる。工場で製作するサッシだけでなく、サッシ廻りの仕上げも図面化する。何度かのやりとりを経て修正を重ねた後、図面が承認されたら、工場ではバラ図（部品単品図）を起こして製作に入る

複雑な建具や、意匠的に重要な建具は製品検査を工場で行う場合もある

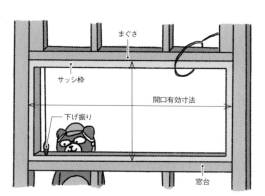

まぐさ

サッシ枠

開口有効寸法

下げ振り

窓台

④建具の取り付け・固定

搬入日・範囲の決定後、サッシを取り付ける場所を確認する。取り付け部分の軽量鉄骨下地の状況、有効開口寸法、枠飲み込み部分の斫り、取り付け位置の現場指示などを確認する。搬入後、建具枠を仮セットし、位置、レベル、垂直度を確認してから固定する。溶接部分には錆止めを塗布する

⑤扉の吊り込み

施工者が取り付け精度の確認を行う。精度確認後、壁の仕上げ、枠の塗装仕上げ（他業者による）へ進む。壁や枠の仕上げ完了後に、扉の吊り込み・建具金物の取り付け・調整を行う

扉の塗装は塗装業者が行う

建具に付属する金物の種類

建具にはさまざまな金物が付属しています。金物は建物の使い勝手や性能に直結するので、取り付けには正しい知識が求められます。たとえば防火戸の場合は、常に閉じている状態であることが必要なので、ストップ機能付きのドアクローザーは使えません。また、鍵のシステムは建物の管理の方法に直結するので、早期に建築主と協議・検討しましょう。

鍵の設計方法

鍵の設計は建物の管理形態により大きく異なる。使い勝手を建築主と確認しながら、効率的に維持管理ができるように鍵のシステムを設計することが重要である

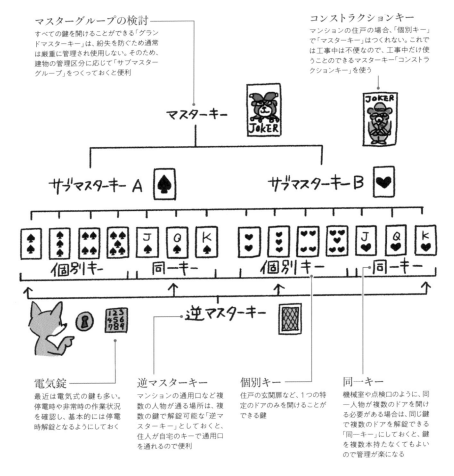

マスターグループの検討
すべての鍵を開けることができる「グランドマスターキー」は、紛失を防ぐため通常は厳重に管理し使用しない。そのため、建物の管理区分に応じて「サブマスターグループ」をつくっておくと便利

コンストラクションキー
マンションの住戸の場合、「個別キー」で「マスターキー」はつくれない。これでは工事中は不便なので、工事中だけ使うことのできるマスターキー「コンストラクションキー」を使う

マスターキー

サブマスターキー A ♠　　　　サブマスターキー B ♥

個別キー　　同一キー　　個別キー　　同一キー

逆マスターキー

電気錠
最近は電気式の鍵も多い。停電時や非常時の作業状況を確認し、基本的には停電時解錠となるようにしておく

逆マスターキー
マンションの通用口など複数の人物が通る場所は、複数の鍵で解錠可能な「逆マスターキー」としておくと、住人が自宅のキーで通用口を通れるので便利

個別キー
住戸の玄関扉など、1つの特定のドアのみを開けることができる鍵

同一キー
機械室や点検口のように、同一人物が複数のドアを開ける必要がある場合は、同じ鍵で複数のドアを解錠できる「同一キー」にしておくと、鍵を複数本持たなくてもよいので管理が楽になる

金物の種類

覚えよう

①本締まり錠

ドアに鍵をかけるための部品。建具の開閉・施錠をするための金物「ロックセット」と一体化した製品もある

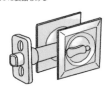

②ドアクローザー

パラレルタイプ（右図）とスタンダードタイプがあり、パラレルタイプはドアの開く側とは逆側に設置する。外開きの場合、廊下側からドアクローザーが見えないため見栄えがよい。スタンダードタイプは、ドアの開く側に取り付ける。吊り元側に壁があるとドアクローザーが当たってしまうので注意

ブラケット
アーム
本体

③レバーハンドル

開閉のハンドルには握り玉タイプとレバーハンドルタイプがある。ドアの角からハンドルの中心までをバックセットと呼び、握り玉の場合は64mm、レバーハンドルは51mmのものが多い。握り玉でバックセットが小さいと、建具枠との間に手を挟んでしまうので注意が必要

フロント
ラッチボルト
レバーハンドル
握り玉

枠　バックセット寸法

④旗丁番・オートヒンジ

扉側と枠側で丁番をばらばらに分けられる。抜き差し丁番ともいう。扉の吊り込みが容易で、重量のある扉に適している。オートヒンジは丁番のなかにスプリングを仕込んだもので、ドアクローザーの役割も果たすことができる

羽根　ピン
管
ネジ孔

⑤ピボットヒンジ

扉の上下に取り付け、軸を中心に開閉する金物。見た目がシンプルで、扉の重量で下がってしまうことも少ない。軸吊り丁番ともいう

⑥フロアヒンジ

床に埋め込まれた箱のなかにバネが入っており、このバネが扉の開閉スピードを制御する。ドアをゆっくりと自動的に閉めるドアクローザーと機能は同じだが、ガラス扉のように扉面に取り付けられないときに採用する

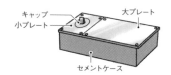

キャップ　大プレート
小プレート
セメントケース

⑦戸当たり

扉が開いた際に、壁に握り玉やレバーハンドルが当たって傷をつけないよう、扉がそれ以上開かないように作動範囲を制限するための金物。さまざまな形状があり、開いた状態で保持できるストッパーが付いているものもある

内壁をきれいに仕上げるには？

鉄骨はそれ自体に機能的な美しさがあるため、内装でも特に隠さずにそのまま露しとして見せることもよくあります。露しの場合は仕上げの寸法ロスがないので、部屋が広く有効に使えます。その場合は耐火塗装などで耐火被覆を行うことが多いです［184頁参照］。一方、内壁では、軽量鉄骨下地にボードを張る仕様が多く用いられます。この場合、仕上げとしては塗装仕上げ、ビニルクロス仕上げの2つがよく採用されます。

内壁仕上げの主な種類

仕上げ	意匠性	施工性	コスト	汚れにくさ	補修のしやすさ
塗装	◎	△	△	△	○
ビニルクロス	○	○	○	○	×

凡例 ◎非常によい ○よい △あまりよくない ×よくない

塗装仕上げの施工手順

ボードの接合部をパテ処理して、エマルジョンペイントを塗る仕上げ。開口部廻りはクラックが入りやすいので、目地を設けるとよい

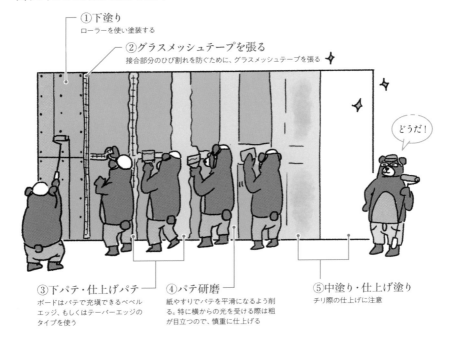

①下塗り
ローラーを使い塗装する

②グラスメッシュテープを張る
接合部分のひび割れを防ぐために、グラスメッシュテープを張る

どうだ！

③下パテ・仕上げパテ
ボードはパテで充填できるベベルエッジ、もしくはテーパーエッジのタイプを使う

④パテ研磨
紙やすりでパテを平滑になるよう削る。特に横からの光を受ける際は粗が目立つので、慎重に仕上げる

⑤中塗り・仕上げ塗り
チリ際の仕上げに注意

ビニルクロス仕上げの施工手順

ボードの接合部をパテ処理してから、約1m幅のロール状のビニルクロスを張る（通常は縦方向に張る）。多種多様な色やテクスチャーを選ぶことができる

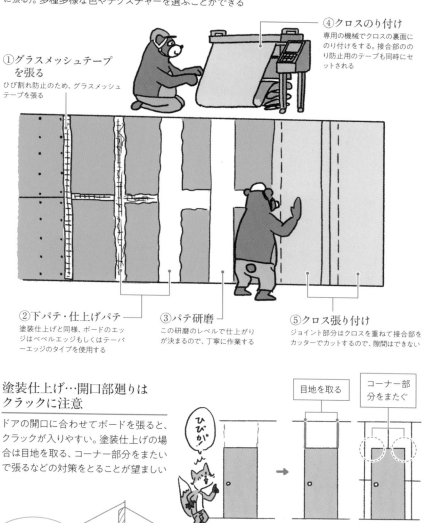

④クロスのり付け
専用の機械でクロスの裏面にのり付けをする。接合部ののり防止用のテープも同時にセットされる

①グラスメッシュテープを張る
ひび割れ防止のため、グラスメッシュテープを張る

②下パテ・仕上げパテ
塗装仕上げと同様、ボードのエッジはベベルエッジもしくはテーパーエッジのタイプを使用する

③パテ研磨
この研磨のレベルで仕上がりが決まるので、丁寧に作業する

⑤クロス張り付け
ジョイント部分はクロスを重ねて接合部をカッターでカットするので、隙間はできない

塗装仕上げ…開口部廻りはクラックに注意

ドアの開口に合わせてボードを張ると、クラックが入りやすい。塗装仕上げの場合は目地を取る、コーナー部分をまたいで張るなどの対策をとることが望ましい

ひびが…!

目地を取る

コーナー部分をまたぐ

ヘラの厚み分＝2～3mmくらい！

ビニルクロス仕上げ…入隅の張り方を確認

入隅はヘラの厚み分だけ重ねてからカットすると、隙間が見えず、クロスが多少縮んできてもきれいな美観を維持できる

天井の取り付け工法の種類

鉄骨造の天井は通常、吊りボルトなどで構造体から吊り下げられた軽量鉄骨下地にボードを張って仕上げます。主な工法は「在来天井」と「システム天井」の2つ。在来天井とは、スラブから吊りボルトを下げ、軽量鉄骨下地を組んだ下にボードなどを張る工法。システム天井は、スラブから吊りボルトを下げ、システム化されたT字型のバーを組み立て、ボードを載せていく工法です。なお、近年は角スタッド工法[※]も増えています。

在来天井の施工手順

コンクリートスラブからボルトを下げて、軽量鉄骨の下地を組み上げる工法で、吊り天井の一種。最も一般的な工法である

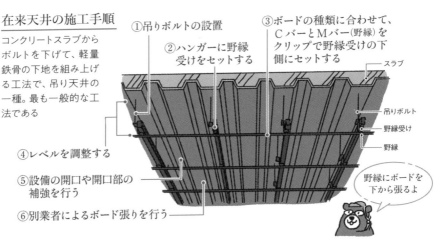

①吊りボルトの設置

②ハンガーに野縁受けをセットする

③ボードの種類に合わせて、CバーとMバー（野縁）をクリップで野縁受けの下側にセットする

- スラブ
- 吊りボルト
- 野縁受け
- 野縁

④レベルを調整する

⑤設備の開口や開口部の補強を行う

⑥別業者によるボード張りを行う

野縁にボードを下から張るよ

システム天井の施工手順

コンクリートスラブからボルトを下ろして天井を吊るしくみは在来天井とは同じだが、軽量鉄骨下地の代わりにT字型のバーをグリッド状に組み上げ、そこにボードを載せていく。照明やスプリンクラー、スピーカー、非常用照明などもこのグリッドに合わせてシステム化されているので、全体的に施工性が高まる。設備を合わせた施工性、メンテナンス性が高く、事務所ビルの天井などに多く採用されている

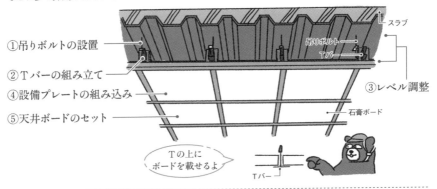

①吊りボルトの設置

②Tバーの組み立て

④設備プレートの組み込み

⑤天井ボードのセット

- スラブ
- 吊りボルト
- Tバー

③レベル調整

石膏ボード

Tの上にボードを載せるよ

Tバー

天井にも高い耐震性が必要！

2011年の東日本大震災では吊り天井が崩壊した物件が多数あり、天井の耐震性に注目が集まりました。2013年には国土交通省の技術基準告示により「特定天井」が定められたほか、特定天井に相当しなくても、設計においては耐震性への配慮がなされるようになりました。

特定天井とは？

吊り天井で、日常的に人の立ち入る部分であり、天井高さが6m超、かつ天井の面積が200㎡超、天井構成部材の単位面積重量が2kgを超えるものに対して、「特定天井」の仕様が規定されている。設計者による計算ルートも定められている

天井高さは6m超！

スラブ

天井

200㎡

耐震性を高めるポイント

天井下地をブレースで補強

吊り天井は天井仕上げ面に重量が集中しているため、地震時には天井面が大きく揺れようとする。それを防ぐために、ブレースや水平振れ止めで水平耐力を高める

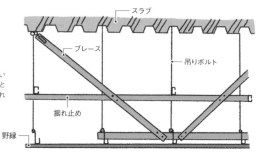

スラブ
ブレース
吊りボルト
振れ止め
野縁

クリップのボルト留め

地震時に天井が崩壊する起点は、野縁受けのハンガーや野縁のクリップが多い。ここをビスで固定すれば、耐震性が高まる

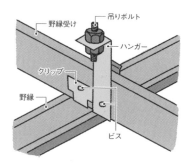

野縁受け
吊りボルト
ハンガー
クリップ
野縁
ビス

天井端部を壁から離す

地震時に天井が壁面に当たって破損する例が多かったため、天井端部のボードを壁面から離すことにより、破損を防ぐ工法も開発されている

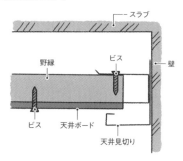

スラブ
野縁
ビス
壁
ビス
天井ボード
天井見切り

性能と美観を備えた天井に仕上げる

天井仕上げには、美観を整えるだけでなく、音を適度に吸音して会話を聞き取りやすくする、空調効率を上げる、といった役割もあります。天井の工法は在来天井、システム天井が一般的［194頁参照］ですが、天井仕上げには岩綿吸音板や化粧石膏ボードを張る仕上げが比較的安価で施工性がよく、一定の吸音性もあるため、多くの事務所ビルなどで採用されています。システム天井の場合、Ｔ字型のバーで組まれた枡目に岩綿吸音板を載せる仕上げが多いです。施工性が非常に高く、部屋の使い方の変更などにも対応しやすいので、大規模なオフィスの事務室などでよく採用されます。

在来天井仕上げの主な種類

仕上げ	概要	意匠性	施工性	コスト
化粧石膏ボード	表面があらかじめ仕上げられている有孔ボードを張れば施工は完了する	△	◎	◎
ビニルクロス	下地となる石膏ボードの上にビニルクロスを張って仕上げる	○	○	○
岩綿吸音板	下地となる石膏ボードの上に、有孔の岩綿吸音板を張り付けて仕上げる	○	△	○
塗装	石膏ボードを塗装（エマルジョンペイント）で仕上げる	◎	×	△

凡例：◎非常によい　○よい　△あまりよくない　×よくない

天井仕上げの施工手順

設備取り付けのタイミングも違うんだね

システム天井　岩綿吸音板仕上げ
天井内設備の検査 → Ｔバーの組み立て → 設備器具の取り付け → 岩綿吸音板の取り付け

在来天井　塗装仕上げ
天井内設備の検査 → 軽量鉄骨下地の組み立て → 下地ボード張り → 墨出し → 廻縁の設置 → 岩綿吸音板の施工／上張りボードの施工 → 設備開口のボード孔あけ → 下塗り → 上パテ → 中塗り → 仕上げ塗り → 設備器具の取り付け

在来天井仕上げの施工ポイント

天井の塗装仕上げは、照明の淡い光が横から当たることになるため、仕上げの粗が非常に目立ちやすい。そのため、特に下地のパテの研磨を丁寧に行う必要がある

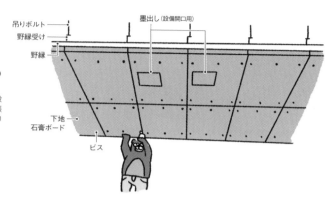

①下地施工〜廻縁の取り付け

軽量鉄骨下地の施工、天井内設備の検査から下地石膏ボード張り、設備開口の墨出し、廻縁取り付けまでを行う

吊りボルト
野縁受け
野縁
墨出し（設備開口用）
下地石膏ボード
ビス

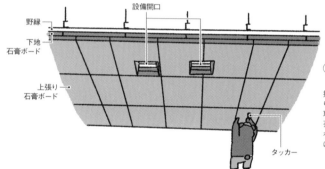

②上張り石膏ボード張り〜ボード孔あけ

接着剤とビスやタッカーを併用して、下張りの石膏ボードの上に上張り石膏ボードを取り付けていく。次に、設備開口のための孔をボードにあけていく。ここまでは石膏ボード業者が施工を行い、次の下塗りからは塗装業者が仕上げる

野縁
下地石膏ボード
設備開口
上張り石膏ボード
タッカー

③塗装（下塗り〜仕上げ塗り）

グラスメッシュテープ（ジョイントテープ）を張りながら、下塗り・ジョイント処理（下パテ）を行う。次の上パテ・パテ研磨で仕上がりが左右されるため、手で研磨面を触ってみて、凹凸がないことを確認するまでこの工程を続ける。中塗り・仕上げ塗りの段階では、端部は刷毛で塗り込み、中央部分はローラーで仕上げていく。ムラが出ないように注意して作業する

①下塗り　②下パテ　③上パテ　④パテ研磨　⑤中塗り　⑥上塗り
上張り石膏ボード

天井内設備はいつ取り付ける？

電気設備、空調設備、衛生設備は建物の機能を発揮させるための重要な要素です。建築との施工手順、工程を調整し、お互いの工事をスムーズに進めることが、高品質の建物の完成につながります。システム天井の場合を例に設備取り付けの大まかな流れを理解しておきましょう。

①天井内設備取り付け

耐火被覆工事［182〜185頁参照］が終わると、天井内設備の施工に入る。設備業者間でも空調、衛生、電気と業者は別なので、天井内の上のほうから順番に施工を進めていく

②天井下地組み立て

天井内の先行設備工事が終わったら、システム天井工事の業者が下地のTバーを取り付ける

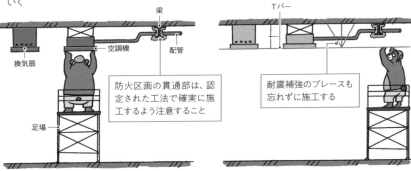

梁
空調機
配管
換気扇
足場

防火区画の貫通部は、認定された工法で確実に施工するよう注意すること

Tバー

耐震補強のブレースも忘れずに施工する

③器具取り付け

システム天井の場合、近年では600角のグリッドが主流。照明やスプリンクラー、非常用照明、スピーカーはすべて600角のユニットのなかにシステマチックに組み込まれている

④ボード載せ

設備器具の設置後、システム天井業者が仕上げの岩綿吸音板をTバーの上に載せて完了となる

天井ボードの施工前に設備器具をセットする

ボードはTバーに載せるだけなので、改修や設備更新の際には比較的簡単に対応できる

設備のメンテナンスも忘れずに

設備・配管には日常的にメンテナンスが求められます。メンテナンスについては、往々にして設計時の検討が不足しがちですが、設備機械や配管の周辺は竣工後のメンテナンスまで考え、十分なスペースを確保するようにしましょう。実際のメンテナンスを想定してみると、窓の清掃が可能か、フィルターの交換が可能かなど、設計時に注意すべき箇所が見えてきます。

受水槽の点検スペース

受水槽の周辺は、点検のためのスペースを確保することが建築基準法で定められている。上下左右6面ともに600mm以上の点検スペースを確保すること

上・下・左・右・前・後、各600mm以上ね！

600mm以上

600mm以上

600mm以上

600mm以上

600mm以上

600mm以上

屋上通路の確保

屋上は主要な設備の設置場所になることが多い[201頁参照]。大きな機械が配置されることはもちろん、そこへの配管や電気配線が集中するため、点検用の通路やスペースがきちんと確保できるよう注意したい

点検用通路

奥や裏までちゃんと行けるかな？

空調機のフィルター交換

空調機は天井内に設置されることが多く、その場合はフィルター交換のための天井点検口が必要になる。天井の吊りボルトやほかの設備との干渉をよく確認しておかないと、竣工後にフィルターの交換などができなくなるので要注意

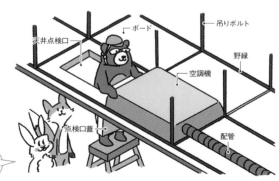

天井点検口

ボード

吊りボルト

野縁

空調機

点検口蓋

配管

メンテナンスよろしく！

設備のスペースや納まりはどう考える?

　一般的な事務所ビルの天井内部には、非常に多くのダクト、空調機、電線、スプリンクラー配管などが納まっています。これらを限られたスペースに納めるために、図面検討時に調整して、お互いが干渉しないように綿密な調整を行います。機械室やパイプシャフトも、設備が集中して納めるのが難しいところです。狭い場所に無理をして納めると、メンテナンスや改修時に支障が出るので配慮が必要です。配管やダクトが鉄骨の梁を貫通するためには貫通スリーブを設けますが、これは鉄骨製作時に準備しなければならないので、早めに検討・準備しなければなりません。

天井内部の設備の注意点

天井内は多くの設備要素が集中するが、そのスペースは決して余裕があるわけではない。特に空調ダクトは多くのスペースを必要とする。衛生配管はそれほどのスペースはとらないが、勾配の関係で上下方向に調整することが困難といった特徴がある

設備がどうしても梁を横切る場合には、梁貫通スリーブを計画する。この場合、鉄骨の製作前に位置や大きさを決める必要があるので、早い時期に検討・決定をする必要があること、鉄骨にスリーブを設けられる範囲には構造的な制約があることなどに注意する[23、59、124頁参照]

- ダクト
- スリーブ
- ケーブルラック
- 空調機

機械室・パイプシャフトのスペースは……?

機械室とパイプシャフトは有効面積確保の観点から、スペースが圧迫されがちで、余裕のないことが多い。施工時だけではなく、竣工後のメンテナンスのことも考え、設備どうしの干渉をよく調整してから施工に入ることが肝要。パイプシャフトや屋上の空調機械などをユニットにすると、品質向上や工期・コスト削減につながる

詰まってるニャー

- 電気配線・給水配管・給湯配管など
- ガス給湯器
- 電気メーター
- ガスメーター
- 水道メーター

屋上の活用方法は？

屋上をどのように活用するかによって、仕上げの内容や配置は大きく変わります。一般の人が屋上まで上がらない場合は、設備のスペースに充てられ、発電機やキュービクル（電気のおおもと）、空調機、太陽光発電パネルなどがところ狭しと並びます。一般の人が屋上を使うことを前提とした場合は、最近ではリフレッシュスペースなどに活用される例も増え、屋上緑化やウッドデッキなどの屋上庭園のしつらえがなされることが多いです。

設備スペースとして活用

よく屋上に設置される設備として、受変電設備（キュービクル）、非常用発電設備（発電機）、空調室外機、外調機、排煙ファン、太陽光パネルなどがある。多くの設備が屋上に配置されるため、点検の容易性、設備更新時の作業スペースなど十分に検討し、最終的な配置を決定する

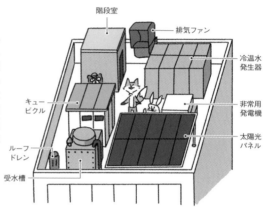

階段室
排気ファン
冷温水発生器
キュービクル
非常用発電機
太陽光パネル
ルーフドレン
受水槽

屋上庭園として活用

屋上が憩いの場として活用される場合、植栽が多く採用される。設計によっては植栽のための客土や根鉢のスペースが十分確保できない場合もあるので、建築条件と植栽の生育条件を調整する必要がある。また、地上に比べ風が強いため、植栽の風への対策、客土の飛散防止など、配慮すべき点も多い

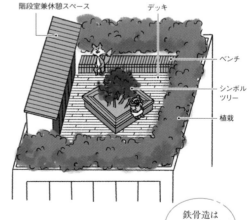

階段室兼休憩スペース
デッキ
ベンチ
シンボルツリー
植栽

鉄部の防錆対策を忘れずに

外部にさらされる鉄部には原則、溶融亜鉛めっき処理を施す。また、アルミやステンレスなど錆に強い材料も積極的に検討したいが、異種金属の接触部分については電蝕に注意したい

鉄骨造はいつでも防錆が大事！

外構工事はいつ行うべき？

外構工事は、一般的には先に本体建物をまとめて、最後に外構を施工することが多いですが、建物に供給される主要インフラ（電気、給排水、ガス、通信）と外構との接続を基礎工事時に先行して施工することも可能です。その場合、早い意思決定やスケジュール検討が必要になりますが、早期の段階で済ませておくと、工程管理上、非常に有利なので、ぜひ検討してみてください。外構は外観の印象を大きく左右するポイントとなりますので、最後に回さずに早期の検討をお勧めします。

外構の施工手順

①納まりや配置の調整・資材発注

総合図による外構要素の納まりや、全体の配置調整を行う。
決定後、納品まで時間のかかる資材（門扉、金属屋根、特殊オブジェ、高木など）の先行発注を行う

②土量の調整

敷地全体の鋤取り［※1］搬出、もしくは
新規搬入客土による土量の調整を行う

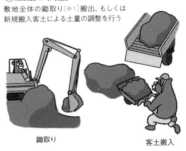

鋤取り　　　　　　　　客土搬入

⓪本体建物工事
本体建物工事の終盤での外構工事は、本体建物の最終資材や工事後の残材の搬出と動線的に交錯し、お互いの阻害要因になる。本体工事の搬入・搬出動線と外構工事の動線との調整をしっかりしておきたい

⑨サイン工事
（路面の表示含む）

⑧植栽工事

⑥路盤整正

⑦舗装工事

⑤縁石・U字溝などの施工

③地中埋設工事
雨水・排水・電気幹線・通信などの引き込みや地中埋設工事を行う。本体建物の基礎工事段階で先行して施工しておくと、工程上のメリットが大きい

④基礎・構造体の施工
塀・オブジェ・照明などの基礎、付属建屋などの構造体の施工を行う

※1 鋤取り：敷地の土を削り取り、所定の計画高さに形状を整えること

高木の準備・搬入のポイントは？

高木を外構に植えるには、造園業者の畑で樹木を選定し、根回しをして、現場に植える1年以上前から準備をしておきます。葉張りが大きい場合は根鉢も比例して大きくなるので、運搬時や揚重時の機械の選定は慎重に行います。低木や下草などを植える場所については、客土が設計どおりの厚さで施工されているかを確認しておきましょう。

高木の搬入時の注意点

高木の場合は、根鉢が大きく、総重量も相当になるので、据え付け揚重機の性能は十分に余裕を見ておく。また、植え付け時には適切な支柱で固定し、地面と活着するまでは蒸散抑制[※2]、剪定などを行う。支柱は丸太を組んだものが一般的だが、景観への配慮から、地下支柱を用いる場合もある

クレーン

樹木の四方に伸びた葉の幅の寸法（葉張り）を確認しておく

出荷が決まった樹木は、造園業者の畑で1年近く前から根元の太い根を切断し、切断部周辺から新しい根の生育を促すことで、移植に備える。これを「根回し」という

樹木の根と周辺の土を合わせたひと塊の部分を根鉢という

支柱の種類

鳥居型支柱
一般的な支柱の工法。丸太や竹などを鳥居型に組んで樹木を支える

地下支柱
支柱を見せたくない場合や邪魔になる場合に、地中部分で根鉢を固定する

ツリーサークル
歩行者に根の周囲を踏みつけられると、木が呼吸困難になり、根が腐敗してしまう。その対策として、歩道などの植木にはツリーサークルを施工する

葉張り

樹高

鳥居型支柱

地下支柱

根鉢 ← 杭

ツリーサークル

※2 蒸散抑制：移植時に根の量が減るため、吸い上げる水量が減ってしまう。そこで葉を減らしたり、薬剤を使ったりして蒸発量を制御することにより、生育バランスをとる

施工時に必要な検査を知ろう

建設工事には、非常に広範囲な職種の人びとが携わります。そのなかで、工事が設計図書どおりに、適切に進められているかを確認するために、各工程でそれぞれの立場から数多くの検査が行われます。法律で定められた官庁による検査、監理者による検査などに加え、施工者が品質を管理するための検査が各工程で行われます。

工事全体の検査の流れ

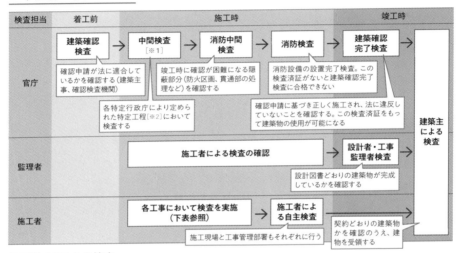

各工事で行われる検査

工事名	検査名	検査者	検査対象	検査の内容
杭工事	試験杭確認検査	監理者、施工者	試験杭	支持層の確認、施工状況の確認
鉄筋工事	配筋検査	施工者（監理者確認）	配筋	鉄筋の太さ・本数・定着・かぶり厚などの確認
コンクリート工事	コンクリート受け入れ検査	施工者（監理者確認）	打設前のコンクリート	スランプ・空気量・塩化物量・コンクリート温度の確認、テストピースの採取［150頁参照］
	コンクリート強度確認検査	確認検査機関	打設したコンクリートのテストピース	テストピースをつぶして強度の確認をする
鉄骨加工（ファブにて行う）	鉄骨製品中間検査	監理者、施工者	鉄骨の製品の組み立て途中	組み立ての状況、溶接の状況、工場の管理状況、製品の精度の確認［129頁参照］
	鉄骨製品検査	監理者、施工者	鉄骨の製品	製品の寸法検査、溶接の外観の確認、超音波探傷検査［130、131頁参照］
鉄骨工事	鉄骨工事検査・鉄骨組み立て精度検査	施工者（監理者確認）	鉄骨組み立て後の精度	トータルステーション、セオドライト、下げ振りなどで鉄骨が許容値内に納まっていることを確認する［157頁参照］
	高力ボルト検査	施工者（監理者確認）	現場ボルト施工部分	高力ボルトの締め付けが正しく行われているか、ボルトのマーキングが規定量にずれているか確認する［158頁参照］
	現場溶接部検査	専門技術者、施工者（監理者確認）	現場溶接部分	超音波を使い、非破壊で溶接部分の溶接欠陥の有無や状態を確認する［159頁参照］
外装工事	カーテンウォール製品検査・実物大試験	専門業者、施工者（監理者確認）	カーテンウォール	層間変位追従性能、耐風圧性能、水密性能の検査
設備工事	性能確認検査	専門業者、施工者（監理者確認）	空調設備	システムの構築の確認、風量・温度の測定
			防災設備	システムの構築の確認、感知器の作動、各種防災設備の連動の確認

※1 中間検査：現地検査の時期や場所は行政により指定が異なる。杭や基礎の管理状況も確認するので品質管理資料を整理し、工事管理報告書などを準備しておく。確認申請に対して設計変更がされている場合は、中間検査までに変更申請手続きを済ませておく　※2 特定工程：階数が3以上の共同住宅の床および梁に鉄筋を配置する工事の場合、2階の床およびこれを支持する梁に鉄筋を配置する工程が対象。ボルト本締め後、2階床を張る前に行う

最後は関係各所の完了検査

工事が完了したら、各種検査を行います。消防による消防検査、建築主事による建築確認検査が主な官庁検査です（民間の確認検査機関でも検査ができます）。開発行為を行った場合はさらに、土木や樹木の検査も行われます。これに加え、施工者による自主検査、設計者による設計検査、建築主による検査を経て、指摘事項を修正したうえで竣工・引き渡しになります。

工事完了後の検査

①自主検査（施工者）

施工者による自主検査。現場担当者による事前検査と、施工担当部署による検査、社内の品質管理部署による第三者的検査と分けて行われる。検査のポイントは、(1) 機能検査（設備や機械、建具などが機能するか）、(2) 美観的検査（仕上げのでき栄え、細部の仕上げの丁寧さなど）、(3) 工事記録の確認（必要な信憑書類が過不足なく整理されているか）の主に3つ

③建築主検査

建築主による検査。発注者としてニーズが満たされているか、使い勝手に問題がないかなどの確認、美観的検査（仕上げのでき栄え、細部の仕上げの丁寧さなど）を行う

⑤開発行為の工事完了検査（各自治体）

開発行為を行った場合に、完了時の検査が必要になる。通常の建築確認検査以外に、土木、緑地など複数の部署の検査が必要になる

②設計検査（監理者）

設計図書どおりに施工されているかを確認する、監理者による検査。(1) 機能検査（設備や機械、建具などが機能するか）、(2) 美観的検査（仕上げのでき栄え、細部の仕上げの丁寧さなど）、(3) 工事監理のための施工者による自主検査記録が整備されているか、といった点を確認する

④消防検査（消防用設備の設置検査）

消火器、連結送水管、屋内消火栓、スプリンクラー設備、自動火災報知設備、避難器具、消火ポンプなどの消防用設備が対象となる検査。工事開始前に消防設備等設置届を提出し、消防検査前に防火対象物使用開始届を提出しているので、それらが正しく施工されているかを消防が確認する。消防として問題なければ、検査済証が発行され、建築確認機関へと提出される

⑥建築確認完了検査（確認検査機関）

確認検査機関は着工前に確認申請を受け、建築基準法に合致しているかを審査し、問題なければ建築確認済証を発行する。その後、工事の進捗に合わせて中間検査、完了検査で最終的な確認をし、検査済証を発行する。なお検査済証を発行するには、消防の検査済証が発行されていること、開発行為のある場合は関係各課の確認・同意があることが前提となる。この検査済証をもって、建物の使用が可能になる

できたよ！

① ② ③ ④ ⑤・⑥

ようやく竣工・引き渡し

上記の各種検査を受け、指摘事項の修正を経て合格した後に、建物を建築主に引き渡す。一般的には鍵の引き渡しをもって建物の引き渡しと解釈され、管理責任が施工者から建築主に移譲される

定期検査・メンテナンスはどう考える？

定期点検は、通常竣工後〜半年、1年目、2年目で行うことが多いですが、住宅メーカーのなかには数十年単位で点検を設定しているところもあります。建物を実際に使用した人の意見をくみ上げることがよい建築につながるので、定期点検や顧客満足度調査は設計者・施工者にとって重要なポイントになります。定期点検時には維持管理がきちんとなされているか、補修が必要な箇所がないかなどを確認します。なお、建物が使われる数年〜数十年の間にかかる維持管理費用（ランニングコスト）は、新築工事費用（イニシャルコスト）の何倍にもなるといわれています。

定期点検のチェックポイント

定期点検で確認したいのが、タイルの浮きや剥がれ、外部の鉄製品の状況（発錆など）、建具など動くものの作動状況、防水・シーリングの状況だ。また防災設備、受変電設備、ゴンドラ、エレベーター、エスカレーターなどは法的に定期点検が定められているので、これも忘れないように注意する。タイルや防火扉、換気設備についても、特定建築物定期報告で定期的な点検・報告が義務づけられているので、対象となる建築物の場合は忘れずに行うこと

サッシや建具の作動状況は問題ないか

外装材の浮きや剥がれ、発錆、シーリングの剥がれなどはないか

建築基準法で義務づけられている定期点検

名称	検査対象	検査・報告時期	検査箇所
特定建築物の定期調査	特定建築物（デパート、ホテル、病院など）	毎年または3年ごと（用途・規模によって異なる）	敷地（敷地内の通路、擁壁の状況など）、一般構造（外壁の劣化の状況、防火区画や床・天井の状況、屋上廻りの劣化の状況など）、構造強度および防火・避難関係（避難設備、非常用設備の状況など）
防火設備の定期検査	特定建築物（デパート、ホテル、病院など）	毎年	防火扉、防火シャッター、耐火クロススクリーン、ドレンチャーなど（随時閉鎖または作動するものに限る。常時閉鎖式の防火設備、防火ダンパーを除く）
建築設備の定期検査	特定建築物（デパート、ホテル、病院など）	毎年	換気設備（排気風量の測定など）、排煙設備（作動確認、風量測定など）、非常用照明装置（点灯の確認など）、給排水設備（受水槽の点検など）
昇降機などの定期検査	すべての建築物	毎年（遊戯施設は半年ごと）	エレベーター（ホームエレベーターは除く）、エスカレーター、小荷物専用昇降機（テーブルタイプは除く）および遊戯施設など

イニシャルコストと
ランニングコストの考え方

建築物の建造にかかるイニシャルコストは非常に大きな金額だが、完成後何十年もの間、建物の維持管理にかかる費用（ランニングコスト）は、新築工事費用の何倍にもなるといわれている。そのため、新築時にコストをかけて、代わりに維持管理費を下げるという考え方もある

ランニングコストに該当するのは、冷暖房・照明などのエネルギーコスト、建物を管理・運転・警備させるための人件費、清掃費、修繕費など多岐にわたる

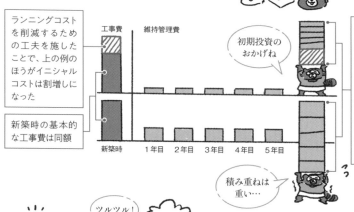

ランニングコストを削減するための工夫を施したことで、上の例のほうがイニシャルコストは割増しになった

新築時の基本的な工事費は同額

初期投資のおかげね

積み重ねは重い…

数年ごとにかかるイニシャルコストは、新築時に対策をあまり行わなかった下の例のほうが高くなることも。その総額で比べてみると、ランニングコスト削減のための対策費用を足しても、上の例のほうがコストの総額は低く納まっている

ツルツル！

分解

光触媒

工夫①光触媒の活用

施工時に、ガラス面や外壁に光触媒によるコーティングを行っておくと、汚れが付着しにくくなる。その後の清掃費用や清掃頻度が減り、トータルで考えるとコストダウンにつながることもある

ここだけ暑いような…

こっちは快適だよ〜

工夫②空調機の見直し

竣工後の空調機の作動状況を確認しながら、最適なエアバランスにチューニングする。これにより空調機の動作出力を抑えられ、使用する電気量を制御でき、結果としてコストダウンにつながることもある

索引

おわりに

「鉄骨造の本を書いてみませんか?」とのお話をいただいた際、最初は「何かの間違いでは」と思いました。なぜなら、私は構造設計ましてや鉄骨の専門家ではないからです。けれども、お話を聞いているうちに、鉄骨の専門家ではない方には、専門家ではない者から伝えるほうが伝わりやすいとお考えになってのことだと理解しました。さりとて、私一人ではとても手に負えない内容。やはり専門家の視点も必要です。実務で協働させてもらっている、ジェーエスディーの徐光さん、清水建設の石田さんに意図を伝え、共著のお願いをご快諾いただきスタートしたのが2020年の夏でした。本書の執筆にあたり、筆が遅い私を優しい言葉で辛抱強く最後まで叱咤激励くださった編集者の大久保さんをはじめ、ご協力をいただきました多くの方々に深く感謝申し上げます。

照井康穂

建物完成までの流れに沿った本書の内容や、書籍の制作過程を通じて、1つの建物の完成には、多くの方々の携わりと尽力があることを再認識しました。一品生産の建物は、携わったすべての人の共同制作によって生み出されており、この1つのチームに微力ながら参加できていることを嬉しく思います。

ジェーエスディー主宰の徐光からは、ひずみ矯正のやり方を実演付きで教わるなど、徹底した現場主義のほか、デザインへの高い意識を学びました。構造設計の立場ですが、施工や意匠設計など、専門の外側の理解を深め、自らの他分野への重なりしろを広げることは、互いの役割としてのつながりが高まり、より質の高い設計や建物につながると感じております。本書がその一助になれば幸いです。

菊地悠太

鉄骨構造は1779年に完成したイギリスのアイアンブリッジ橋がその始まりと言われているように、まだ歴史は浅いですが、非常に優れた構造形式です。鋼材は製品としての信頼性が高いので、コンクリートに比べて設計上、安全率が低く抑えられています［※］。つまり、構造物全体で見れば、材料だけでなくその施工の品質管理のレベルもコンクリートより高い精度、信頼性を持たなければいけないということです。

本書では、できるだけ実例に即して、現場あるあるという視点で書きました。ぜひ参考にしていただき、高品質な建物の施工に生かしてください。

浜田晃司

※ 鋼材の基準強度F/1.5＝鋼材の許容応力度（長期）。コンクリートの設計基準強度 Fc/3＝コンクリートの許容応力度（圧縮）

『建築物の構造関係技術基準解説書』国土交通省国土技術政策総合研究所・国立研究開発法人建築研究所監修／全国官報販売協同組合

『鋼構造設計規準』日本建築学会編／日本建築学会

『構造用教材』日本建築学会著／日本建築学会

『建築工事標準仕様書 JASS6 鉄骨工事』日本建築学会編／日本建築学会

『鉄骨工事技術指針・工場製作編』日本建築学会編／日本建築学会

『鉄骨工事技術指針・工事現場施工編』日本建築学会編／日本建築学会

『スラスラ構造計算スーパー略算法　リニューアル版』JSD著／エクスナレッジ

『サクッとわかる鉄骨造のつくり方』建築知識編／エクスナレッジ

『コンサイス木材百科』秋田県立農業短期大学木材高度加工研究所編／財団法人秋田県木材加工推進機構

『エクセルギーと環境の理論』宿谷昌則編著／北斗出版

「『10+1』DATABASE」https://db.10plus1.jp/backnumber/article/articleid/1377/

「建設総合ポータルサイトけんせつPlaza」http://www.kensetsu-plaza.com/kiji/post/29017

著者略歴

照井康穂

1967年大阪府生まれ。一級建築士。'92年北海道大学工学部建築学科卒業、同年竹中工務店入社。'96年アーブ建築研究所入社。2007年照井康穂建築設計事務所設立。'12年よりNPO法人歴史的地域資産研究機構理事、'15年より北海道科学大学非常勤講師を務める。'08年日本建築家協会北海道支部住宅部会フキノトウ賞、'14年日本建築家協会環境建築賞、'22年日本建築学会北海道支部北海道建築賞受賞。主な作品に、「綾瀬こどものためのCOMPLEX」「立川こどものためのCOMPLEX」、共著に『建築家の清廉上遠野徹と北のモダニズム』(建築ジャーナル)、『みんなで30年後を考えよう北海道の生活と住まい』(30年後の住まいを考える会)がある。

菊地悠太

1984年生まれ。一級建築士。構造設計一級建築士。2006年前橋工科大学建築学科(林研究室)卒業、同年ジェーエスディー(JSD)入所、現在に至る。

浜田晃司

1956年生まれ。一級建築士。清水建設 ものづくり研修センター校長。'80年東京大学工学部建築学科(内田研究室)卒業、同年清水建設入社。以降、30現場近くの現場の係員、所長を勤めた後、新潟営業所長、生産技術本部副本部長を経て現職。現在は後進の技術力向上、技術者としての倫理意識向上などの指導に当たっている。

ぜんぶ絵で わかる ③ 鉄骨造

2022年12月5日　初版第1刷発行

著者
照井康穂
菊地悠太
浜田晃司

発行者
澤井聖一

発行所
株式会社エクスナレッジ
〒106-0032東京都港区六本木7-2-26
https://www.xknowledge.co.jp/

問合せ先
[編集]　tel 03-3403-1381／fax 03-3403-1345
　　　　info@xknowledge.co.jp
[販売]　tel 03-3403-1321／fax 03-3403-1829